Lucio Costa era racista?

NOTAS SOBRE RAÇA
COLONIALISMO E
A ARQUITETURA MODERNA
BRASILEIRA

Lucio Costa era racista?
Notas sobre raça, colonialismo e a arquitetura moderna brasileira
Paulo Tavares

© Paulo Tavares, 2022
© n-1 edições, 2022
ISBN 978-65-86941-76-0

Embora adote a maioria dos usos editoriais do âmbito brasileiro, a
n-1 edições não segue necessariamente as convenções das instituições
normativas, pois considera a edição um trabalho de criação que deve
interagir com a pluralidade de linguagens e a especificidade de cada
obra publicada.

COORDENAÇÃO EDITORIAL Peter Pál Pelbart e Ricardo Muniz Fernandes
DIREÇÃO DE ARTE Ricardo Muniz Fernandes
POSFÁCIO© Roberto Conduru
ASSISTÊNCIA EDITORIAL Inês Mendonça
REVISÃO Renier Silva
EDIÇÃO EM LATEX Paulo Henrique Pompermaier
CAPA E PROJETO GRÁFICO Paulo Tavares

A reprodução parcial deste livro sem fins lucrativos, para uso
privado ou coletivo, em qualquer meio impresso ou eletrônico, está
autorizada, desde que citada a fonte. Se for necessária a reprodução
na íntegra, solicita-se entrar em contato com os editores.

1ª edição | Fevereiro, 2022
n-1edicoes.org

ensaio de
Paulo Tavares

posfácio
Roberto Conduru
quarta capa
Ana Flávia Magalhães Pinto

decoloniza
arquitetura

n-1
edições

ensaio ... 9

posfácio ... 79

Interrogação Necessária
por Roberto Cunduru

notas ... 91
agradecimentos ... 121

Lucio Costa era racista?

Esta não é a questão principal (embora os arquivos mostrem que seja relevante). Mesmo porque as evidências históricas são públicas de longa data, e logo a leitora e o leitor poderão concluir o mérito por si próprios.

A questão fundamental é de que maneira a arquitetura moderna brasileira esteve, desde sua gênese, intimamente entrecruzada com o pensamento racial que fazia parte do campo intelectual de onde surgiu o movimento por um *estilo* arquitetônico que fosse ao mesmo tempo moderno e nacional?

Logo, faz sentido buscar respostas em — ou através de — Lucio Costa, o principal ideólogo do movimento da arquitetura moderna no Brasil, autor intelectual de textos, projetos, e curadorias seminais nos anos 1930–1950. Sua trajetória extrapola o campo da arquitetura, incidindo na formulação de conceitos sobre tradição e patrimônio artístico e arquitetônico, e, deste modo, na própria interpretação da formação nacional.

Além disso, a interrogação faz sentido sobretudo porque a questão racial foi uma preocupação constante de Lucio Costa ao longo de toda sua trajetória. Em um primeiro momento, na fase neocolonial nos anos 1920, quando Costa associava raça e estilo arquitetônico, e endossava a eugenia e teorias do branqueamento populacional. Em um segundo momento, após sua conversão ao modernismo no contexto da Revolução de 1930. Sob a influência de Gilberto Freyre e os ideais de *brasilidade* formulados pelas vanguardas literárias e artísticas, Costa então busca equacionar o conceito racializado de "arquitetura tradicional", originalmente concebido para expressar a supremacia branca na formação nacional, com a visão culturalista da miscigenação e da harmonia racial.

Através de todo este arco histórico, a teoria da formação da arquitetura brasileira — tradicional e moderna — elaborada por Lucio Costa é atravessada por questões raciais e por posições francamente racistas. Se sua conversão ao modernismo significou um entendimento menos biológico e mais cultural da diferença humana, o que permanece é a afirmação, muitas vezes nas entrelinhas, da superioridade branca europeia na matriz da formação étnico-cultural do Brasil.

* * *

Embora a questão racial esteja no fundamento da ideia de "arquitetura brasileira" — tanto tradicional como moderna, e principalmente na articulação entre tradição e modernidade — e com ela certos imaginários hegemônicos da identidade nacional, sabemos e falamos muito pouco, ou mesmo quase nada, sobre o assunto.

Esta reticência frente à questão racial é de certo modo um aspecto generalizado no campo historiográfico da arquitetura. Aprendemos isso com o livro seminal *Race and Modern Architecture*, recém publicado em 2020.[1] Ao contrário de outros campos do conhecimento, onde os estudos raciais críticos foram enormemente influentes nas últimas décadas, a arquitetura e a historiografia da arquitetura seguem refratárias a esse debate. A questão racial aparece sob "silêncios e evasões", escrevem os autores e autoras, neutralizando e encobrindo as dimensões racializadas e racistas que em menor ou maior grau manifestaram-se nas diversas expressões arquitetônicas da modernidade desde os séculos XVIII e XIX.

O papel central da raça no pensamento de Lucio Costa e, de maneira geral, na matriz ideológica da arquitetura brasileira tradicional e moderna, é um entre estes tantos silêncios e evasões. Isto se dá principalmente porque a historiografia crítica, até recentemente circunscrita às classes brancas e majoritariamente pela exaltação das ideias de Lucio Costa, preferiu negligenciar — ou silenciar — esse aspecto no legado do arquiteto, e consequentemente na história da arquitetura moderna brasileira (e internacional). Quando a questão racial aparece, se é que seja considerada, sua relevância fica, no mais das vezes, restrita à notas de rodapé.

Entretanto, o oposto é verdadeiro. Conforme busco traçar neste breve ensaio, alguns dos textos mais influentes de Lucio Costa — como *Documentação necessária*, de 1937, *Notas sobre a evolução do mobiliário luso-brasileiro*, de 1939, e *Depoimento de um arquiteto carioca*, de 1951 — tomam a raça como elemento central dentro do quadro conceitual através do qual Costa traça o "fio da meada" que faz a arquitetura do modernismo aparecer como uma evolução natural da arquitetura do colonialismo.

* * *

Esta breve introdução abre um texto igualmente modesto. Na verdade, não se trata de um texto propriamente, mas de uma coleção de notas de pesquisa para um livro que estou escrevendo. Daí seu subtítulo — *notas sobre raça, colonialismo, e a arquitetura moderna brasileira*.

De passagem, por assim dizer, minha pesquisa toca nos fundamentos raciais do modernismo brasileiro, e mais especificamente no pensamento racial de Lucio Costa. Não sendo historiador, certamente não estou em posição de analisar o assunto com a devida atenção que merece. Entretanto, deixo estas notas registradas com a intenção de que possam gerar algum debate sobre questões que, embora sejam centrais, aparecem como elementos marginais e silenciados nas narrativas dominantes sobre a arquitetura brasileira e a formação cultural nacional. Deste modo, se este texto tem algum valor, é menos pela profundidade da investigação que apresenta e mais pela questão que mapeia e enuncia.

Na primeira parte, traço a genealogia do conceito de "arquitetura tradicional brasileira" desenvolvido por ideólogos do estilo neocolonial, mostrando como este imaginário está formatado por teorias raciais da supremacia branca. Na segunda parte, abordo o papel do pensamento racial na síntese colonial-moderno elaborada por Lucio Costa, destacando passagens conhecidas mas pouco analisadas de sua teoria historiográfica. Ao final, concluo com o chamado por um outro "fio da meada" que vá além da perspectiva colonial que sustenta a ideia de "arquitetura brasileira."

O estilo brasileiro

Similar ao que aconteceu nas artes visuais e na literatura, a partir da década de 1920 a questão da identidade nacional passou a ser uma preocupação central dos arquitetos no Brasil. Enquanto a associação entre aquilo que o vanguardista Oswald de Andrade chamou de "primitivismo nativo"[2] e a estética modernista seria consolidada no campo das artes — como mostra exemplarmente a revista Habitat de Lina Bo Bardi nas décadas de 1950 e 1960[3] — os pioneiros do movimento da arquitetura moderna no Brasil, ao contrário de seus colegas artistas e escritores, não buscaram elementos das culturas negras e indígenas para definir a linguagem arquitetônica do modernismo nacional. Em vez disso, afirmavam que o espírito nacional estava corporificado na arquitetura colonial europeia, principalmente nas cidades coloniais mineiras, nas fronteiras dos sertões, onde uma forma mais antiga e original — isto é, uma forma mais "primitiva" — do vernacular colonial havia preservado o caráter autêntico da nacionalidade. A arquitetura colonial foi assim definida como "arquitetura tradicional brasileira", e veio a constituir o recurso estético para a elaboração de uma linguagem modernista particular, que nos anos 1940 se tornaria reconhecida internacionalmente como "arquitetura moderna brasileira", por vezes também chamada de "estilo brasileiro" ou "estilo nacional".[4]

Na década de 1920, quando surgiram as vanguardas literárias e artísticas no Brasil, o revivalismo historicista europeu era a expressão predominante da modernidade nas cidades brasileiras. Enquanto os imaginários da brasilidade reverberavam em saraus, revistas e manifestos, escritores e arquitetos começaram a criticar o ecletismo, taxando-o de "estilo estrangeiro", como escreveu Mário de Andrade em 1920.[5] Assim, da mesma maneira que artistas visuais e poetas, arquitetos começaram a buscar uma nova linguagem capaz de sintetizar modernidade e identidade nacional. Diferente deles, entretanto, no primeiro momento essa busca estava completamente alheia aos experimentos das vanguardas europeias.

Atrasado em relação aos debates do funcionalismo, até a década de 1930, o cenário da arquitetura brasileira era dominado pela problemática da definição de um estilo historicista que expressasse o caráter nacional. Para tanto, arquitetos e teóricos da arquitetura recorreram ao vernacular colonial como referência estética, associando-o a um estilo enraizado em "origens" e "tradições", e assim catalisando todo um movimento em torno do chamado "revivalismo colonial" ou "estilo neocolonial", que no Brasil também foi descrito como "estilo nacional".

A voz pioneira do movimento neocolonial brasileiro foi o engenheiro, arquiteto e arqueólogo português Ricardo Severo. Através de palestras, entrevistas e artigos na imprensa, além de projetos de arquitetura emblemáticos, Severo elaborou a tese de que a constituição de uma autêntica arquitetura brasileira adaptada aos tempos modernos deveria partir da "renascença" da arquitetura colonial, que definiu como "arquitetura tradicional do Brasil". Segundo Severo, o ecletismo significava uma ruptura com a tradição nacional, de modo que ao buscar verdadeiras expressões da nacionalidade, arquitetos deveriam "descer, guiados pelo fio da tradição, até as suas origens". Estas origens estavam depositadas na arquitetura colonial vernacular, que ao contrário de monumentos e palácios, "em que influências estrangeiras se acentuam ou predominam", resistiram às "influências cosmopolitas de importação". Como tal, o vernacular colonial preservava o que Severo descreve como um caráter "primitivo" — e, portanto, mais genuíno — que conferia sua beleza austera e força moral, "sem o menor atavio na sua simplicidade rústica e primitiva".[6]

Severo assegurou-se em dissociar sua noção de primitivismo de qualquer relação com culturas ameríndias: "Os fundamentos da arte tradicional brasileira não assentam [...] nas artes elementares do primitivo indígena."[7] Em vez disso, pretendia mostrar que a arquitetura brasileira tinha suas raízes firmemente assentadas na civilização branca europeia. Na seminal palestra *Arte tradicional no Brasil: a casa e o templo*, proferida em 1914, Severo argumenta que a "simplicidade rude e primitiva" do vernacular colonial "deveria enaltecer [...] sentimentos patrióticos", uma vez que tal primitivismo "concorda plenamente com o viver dos pioneiros da civilização ocidental e da sua religião cristã, dos obreiros da grandiosa nação brasileira".[8] Em outras palavras, a "arquitetura tradicional do Brasil" seria o produto da força civilizatória brutal da conquista colonial europeia:

> Em presença do novo mundo, o colono encontrou-se só, apenas com os recursos da sua imponente robustez física e moral; e lutou *in natura* pela vida, batendo-se contra os elementos contrários do seu recente habitat, vencendo-os, escravizando-os ou destruindo-os; e construindo, com

os elementos favoráveis que o novo meio lhe forneceu, o lar, a família, uma nação nova.[9]

No contexto nacionalista do Brasil pós-guerra, as ideias de Ricardo Severo encontraram terreno fértil entre as vanguardas culturais, ressoando com aspirações locais por uma linguagem moderna que expressasse a identidade nacional.[10] Por exemplo, escrevendo em 1920 sobre a "arte religiosa brasileira", Mário de Andrade buscou elementos na tese de Severo para argumentar que as capelas e igrejas coloniais "obedecem a uma certa ordem de tipos arquitetônicos [...] da qual um estilo nacional poderia muito bem se originar". Essas "construções primitivas [...] propagaram uma regra" e "fixaram um estilo", ele escreve, sendo ao mesmo tempo "exemplo e tradição, incentivo e saudade".[11]

Mário de Andrade absorveu de Severo não apenas a noção do primitivismo da arquitetura colonial, mas também a narrativa histórica de que o ecletismo significava uma ruptura com as tradições nacionais.[12] Embora mais tarde favorecesse a estética funcionalista, nesse momento inicial, às vésperas da Semana de Arte Moderna "futurista" que ajudou a liderar em São Paulo em 1922, Mario de Andrade demonstrava um entusiasmo genuíno pelo neocolonial, que chamou de "estilo brasileiro."[13]

Essas ideias alcançaram grande repercussão na década de 1920, e catalisaram todo um "movimento pelo renascimento da arquitetura tradicional", como descreveu a imprensa na época.[14] Partindo de sua formação em arqueologia, Ricardo Severo comissionou pintores de destaque para documentar a arquitetura colonial no interior de São Paulo, criando assim um vocabulário imagético para o neocolonial.[15] E enquanto intelectuais modernistas endossavam a tese de Severo, periódicos influentes como a revista Illustração Brasileira e o jornal O Estado de S.Paulo davam suporte público ao movimento neocolonial, convocando arquitetos a "restabelecer os elos que faltavam na evolução da arquitetura, a cadeia que prende a arte moderna às tradições locais".[16]

Na capital federal, Rio de Janeiro, o mais ávido militante do "estilo nacional" foi o crítico de arquitetura José Marianno. Presença constante na imprensa e prolífico agitador cultural, Marianno ocupou posições de destaque em instituições culturais e capitaneou os debates mais significativos sobre a arquitetura no Brasil na década de 1920.[17] Através dessas redes, Marianno travou uma cruzada militante para promover o neocolonial sobre o ecletismo e o racionalismo, tornando-se um de seus principais teóricos e propagadores.

Dando continuidade ao projeto arqueológico de Severo, Marianno patrocinou viagens de estudantes para documentar a arquitetura colonial nas cidades mineiras (incluindo Lucio Costa), e organizou concursos de arquitetura em estilo neocolonial, como por exemplo o concurso da *Casa brasileira*, em 1921. Marianno mobilizava ampla repercussão na mídia para estas iniciativas, e inclusive construiu sua própria casa, o Solar Monjope, como uma forma de manifesto arquitetônico neocolonial que lhe trouxe muita notoriedade à época.[18] "O retorno às fórmulas lógicas do estilo colonial dos nossos antepassados"— Marianno conclui no manifesto *Os dez mandatos do estilo neocolonial aos jovens arquitetos*, escrito em 1923 — "é o prelúdio de nossa emancipação social e artística".[19]

Como resultado desta campanha militante, em meados da década de 1920, o revivalismo colonial havia se consolidado como a expressão moderna da arquitetura brasileira. Consagrado como estilo moderno-nacional na Exposição Internacional do Centenário da Independência, realizada no Rio de Janeiro em 1922, quando vários pavilhões foram projetados em estilo neocolonial, a "renascença" da arquitetura colonial passou a significar um movimento moderno que exerceu grande influência na educação e na produção arquitetônica das décadas de 1920 e 1930. Posteriormente taxado de conservador pelos modernistas, o estilo neocolonial foi visto como a imagem moderna da *brasilidade* na arquitetura, pelo menos por um breve momento.[20] Que um "movimento tradicionalista" era paradoxalmente visto como moderno é demonstrado pelo fato de que, na Semana de Arte Moderna de 1922, a arquitetura não foi representada por projetos racionalistas, mas sim por projetos historicistas neocoloniais.[21]

O estilo racial

Apesar de ser propagada como "estilo nacional", a arquitetura neocolonial constituiu uma tendência internacional panamericana nas primeiras décadas do século XX. Manifestou-se em diferentes arranjos formais e ornamentações de acordo com países e regiões, começando com o *mission style* na Califórnia no final do século XIX, e seguindo em várias expressões do revivalismo colonial na América Latina e no Caribe.[22] Em todas estas variantes, o neocolonial servia como símbolo de ideologias nacionalistas, especialmente nos países latino americanos, trazendo consigo a dimensão "emancipatória" que José Marianno lhe atribuiu no Brasil.

Embora o neocolonial fosse em grande medida apenas mais um outro "estilo estrangeiro" adotado sob a crescente influência geopolítica e cultural dos Estados Unidos no continente — fato este, aliás, muitas vezes observado por críticos contemporâneos[23] — o estilo passou a significar uma linguagem independente dos historicismos "importados". Tornava-se então uma representação de "tradições étnicas e históricas", como escreveu Ricardo Severo, ou, nas palavras de Marianno, do "próprio carácter da raça".[24]

Nesse aspecto, o discurso neocolonial estava alinhado às teorias modernas de arquitetura que surgiram na Europa na segunda metade do século XIX. A recuperação de elementos arquitetônicos do passado pelo revivalismo europeu serviu à construção de identidades nacionais no presente, enquanto conceitos de nação e origem foram alinhados com concepções de etnia e raça.

Em um contexto de expansão imperial, arquitetos e teóricos europeus interpretaram a diversidade cultural e geográfica da arquitetura encontrada nos territórios colonizados recorrendo aos esquemas do pensamento racial, à época uma "ciência" prevalente no mundo ocidental. Assim, presumiam que a humanidade poderia ser dividida em grupos biológico-raciais dotados de faculdades morais e mentais distintas e, logo, que diferentes raças produziam diferentes tipos de construção e ornamentos característicos, definidos então como "estilos". Seguindo a concepção hierárquica evolutiva elaborada pela antropologia, teóricos da arquitetura associavam estilos de construção/ornamentação a diferentes estágios de desenvolvimento social definidos de acordo com categorias raciais, do primitivo ao civilizado. Enquanto as sociedades não-brancas eram colocadas em estágios inferiores, com os "povos tribais" dos trópicos situados no estágio mais baixo representado pela "cabana primitiva", as nações europeias brancas e seus produtos arquitetônicos figuravam como a expressão mais avançada do progresso civilizacional.[25] Deste modo, o conceito de "estilo" passou a ser uma representação arquitetônica das visões ocidentais racializadas da diferença humana, e logo teorias arquitetônicas serviram para legitimar a política imperialista e seu racismo estrutural.[26]

Influenciado por essas teorias modernas, o debate sobre o neocolonial como "estilo nacional" estava intrinsecamente associado com a episteme racializada do pensamento ocidental. No caso específico do Brasil, um país que cientistas raciais europeus consideravam paradigmático da degeneração e decadência social causada pela miscigenação, o "renascimento" da arquitetura colonial estava ligado à afirmação de que o caráter racial e cultural da nação derivava predominantemente da Europa branca.

Essa dimensão racializada atribuída ao estilo neocolonial pode ser observada nos debates que circularam na imprensa na década de 1920. Por exemplo, ao endossar o "movimento tradicionalista," o jornal O Estado de S.Paulo, um dos principais representantes da oligarquia cafeeira paulista, sustentava que "a arquitetura colonial é, de fato, a única que fala de nossas origens históricas [...] trazendo caráter racial bem definido".[27] Sendo uma herança do colonialismo português, o "caráter racial" corporificado na "arquitetura tradicional brasileira" era naturalmente uma extensão da Europa branca, ou seja, uma herança do que Ricardo Severo chamou de "os pioneiros da civilização ocidental" no território que hoje chamamos Brasil.

É sobretudo nos escritos de José Marianno, o mais dedicado teórico e ferrenho divulgador do neocolonial no Brasil, que a dimensão racializada do revivalismo colonial se torna explícita.[28] Na medida em que os estilos constituíam expressões de "raças bem definidas", Marianno acreditava que a composição multiétnica do Brasil dificultava o estabelecimento de um estilo nacional próprio. Escrevendo em 1931 contra a estética modernista, que chamou de "judaísmo arquitetônico", Marianno argumenta que "povos sem personalidade própria como o nosso, formados de retalhos humanos, mal desenhados etnicamente, não possuem consciência própria. Daí o mimetismo constante, o desejo de copiar o que os outros fazem".[29] A miscigenação aparece como um indicador de baixas faculdades mentais e consequente desinteresse pela arquitetura: "o grosso da população *melting-pot* onde se faz a separação biológica da raça não possui uma mentalidade definida sobre o assunto. A arquitetura lhes é indiferente. Qualquer estilo serve".[30] Para Marianno, portanto, um movimento pela cultura nacional deveria recuperar o passado colonial com o sentido de "reabilitar a arquitetura da raça".[31]

Na teoria histórica de Marianno, a "arquitetura tradicional brasileira" — que ele também define como "arquitetura brasileira primitiva" — surge "quando o homem europeu começou a construir suas casas nos moldes tradicionais da raça".[32] Enraizada em uma antiga linhagem latina, e logo traduzida para os trópicos pelos colonizadores pioneiros, a arquitetura portuguesa vernacular foi "aclimatizada" pelas difíceis condições ambientais e materiais da colônia, sendo remodelada pelas "asperezas do ambiente selvagem", e dessa forma transformada em um estilo próprio caracterizado por seu aspecto simples e despojado.[33]

Em um de seus textos mais explicitamente racistas, Marianno argumenta que dependendo da "composição étnica", nem todos poderiam entender seu "esforço em prol do ressurgimento da arquitetura implantada pelo colonizador branco", atribuindo essa incompreensão à "profunda diferença de substrato psíquico" entre brancos e não-brancos.[34] Isso se dava porque "o espírito da arquitetura tradicional brasileira" — Marianno escreve no texto *Sobre o estilo de arquitetura do Brasil*, de 1936 — "é essencialmente latino [...] Esse sentimento é tão caro, tão afetuoso e sensível aos brasileiros brancos que se orgulham, como eu me orgulho, do sangue indomável da minha raça — esse sentimento é racial, profundamente, expressivamente racial".[35]

Esta dimensão racializada e racista atribuída à "arquitetura tradicional brasileira" expressava uma ideologia mais ampla comungada pelas elites culturais e políticas da época, a saber, a ideia de que processos de miscigenação que caracterizavam a formação multiétnica do povo brasileiro levariam a uma população cada vez mais branca, o branqueamento sendo considerado equivalente ao caminho ascendente para a civilização. Teorias "científicas" de branqueamento constituíram o cerne da ideologia racial do Brasil, informando reformas urbanas higienistas e políticas migratórias eugênicas que duraram até meados do século vinte.[36] Ao traduzir essa ideologia racial em conceitos arquitetônicos, Marianno associou a "cópia" dos revivalismos europeus e a impossibilidade de um estilo nacional à características psicológicas e culturais pertencentes aos não-brancos, a quem chamou de "mulatos e negróides".[37] Daí a ideia de que era preciso recuperar a arquitetura colonial porque esta seria a afirmação de uma "raça bem definida".

Pode-se argumentar que a maioria dos arquitetos e críticos de arquitetura envolvidos no debate sobre a definição do "estilo bra-

sileiro" na década de 1920 compartilhavam visões racistas seme-
lhantes. Por exemplo, em um artigo publicado em 1920, o proemi-
nente engenheiro e planejador urbano Adolpho Pinto argumenta
que "o centro da nacionalidade [...] deverá ser constituído pelos
brasileiros de raça branca, descendentes de portugueses, devendo
todos os outros elementos serem assimilados por esse núcleo básico". Diante do incompleto processo de branqueamento do povo
brasileiro — o que Marianno chamou de "separação biológica da
raça" — Adolpho Pinto considerava prematuro estabelecer um
"estilo brasileiro" definitivo. Mas seguia o raciocínio de Marianno
ao considerar ser necessário "retomar o fio da tradição artística da
raça [...] pois assim como o brasileiro, descendente de português,
deve constituir o núcleo da nova nação, é a tradição artística de
seus antepassados, modificada pelo ambiente novo, que deve for-
necer o ponto de partida para o desenvolvimento da floração da
sua arte própria".[38]

Ao sustentar que a "arquitetura tradicional brasileira" estava
enraizada no colonialismo português, os militantes neocoloniais
pretendiam traçar filiações não apenas culturais com a civilização
ocidental, mas também raciais, alegando que o "fio da tradição"
descendia da Europa branca. A influência das culturas africanas
e ameríndias é apagada ou negada, pois mesmo quando menci-
onada é apenas para afirmar que não desempenharam um papel
significativo na definição das tradições arquitetônicas nacionais,

como no exemplo acima citado no pensamento de Ricardo Severo, e logo depois também no pensamento de Lucio Costa.

Se a arquitetura manifesta visões dominantes sobre a cultura e a sociedade, o movimento neocolonial no Brasil constituiu a representação da crença das elites na ideologia do branqueamento. O revivalismo colonial configurou uma expressão de ideais da supremacia branca na medida em que serviu para afirmar que tradições nacionais estavam ligadas ao colonialismo. Situada no âmago da definição de "arquitetura tradicional brasileira", essa visão racializada permanece como um elemento infratextual e muitas vezes velado, mas talvez por isso ainda mais poderoso ideologicamente, na revolução modernista que ocorreu no arquitetura brasileira na década de 1930.

Arquitetura
colonial-moderna

Foi somente na década de 1930, na esteira da revolução que levou Getúlio Vargas ao poder durante quinze anos, que o modernismo entrou na agenda da arquitetura brasileira. Ironicamente, a rebelião contra o neocolonial veio das mãos de seu jovem talento mais promissor, o arquiteto e urbanista Lucio Costa, autor do plano piloto da capital modernista Brasília nos anos 1950.

Nascido em 1902 em Toulon, França, Lucio Costa cursou a Escola Nacional de Belas Artes (ENBA) no Rio de Janeiro durante a consolidação do movimento neocolonial, graduando-se em 1923. Em meados da década de 1920, Costa já era considerado um dos mais brilhantes expoentes do movimento, destacando-se em diversos concursos.[39] O projeto vencedor para o concurso do "Solar Brasileiro", Costa explica em uma entrevista de 1924, buscava "traduzir o encanto da nossa primitiva arquitetura". Parafraseando Ricardo Severo e José Marianno, argumentava que "para que tenhamos uma arquitetura logicamente nossa, é mister procurar descobrir o fio da meada, isto é, recorrer ao passado, ao Brasil-colônia".[40]

Seis anos depois, quando assumiu a direção da ENBA, Lucio Costa rejeitava totalmente o neocolonial como "pastiche" e "falsa arquitetura",[41] e na década seguinte tornou-se o principal teórico do movimento da arquitetura moderna no Brasil. No entanto, Costa nunca abandonou o princípio da ideologia neocolonial em definir a arquitetura do colonialismo como a encarnação de origens e tradições que deveriam ser recuperadas para se criar uma linguagem arquitetônica que fosse ao mesmo tempo moderna e nacional. Ao invés disso, Costa concebeu toda uma teoria histórica para situar a arquitetura colonial na fundação de um modernismo singular que expressasse brasilidade, traçando as linhas conceituais de um "estilo" que dava caráter local à estética abstrata do funcionalismo, e dessa forma estabelecendo o fundamento ideológico do movimento da arquitetura moderna no Brasil.

Essas ideias foram originalmente expostas em dois textos seminais escritos por Lucio Costa nos anos formativos e revolucionários da década de 1930: *Razões para a nova arquitetura*, de 1936, que pode ser interpretado como o manifesto modernista tardio de Costa; e *Documentação necessária*, de 1937, onde Costa elabora o significado moderno do vernacular colonial e estabelece diretrizes para seu estudo e preservação.[42]

Inspirado nos escritos de Le Corbusier, Lucio Costa agora rejeita o historicismo eclético, argumentando que "o advento da máquina" exigia uma nova expressão formal consistente com as possibilidades construtivas e materiais da tecnologia industrial moderna. Ao mesmo tempo, Costa associa esse gesto vanguardista ao resgate de tradições e identidades nacionais enraizadas no passado colonial, convocando arquitetos brasileiros a aprender com "nossa antiga arquitetura".

Assim como os ideólogos neocoloniais, Costa considerava o ecletismo uma ruptura com o que chamou de "a boa tradição". Logo, a elaboração de uma linguagem moderna que expressasse o caráter nacional estava organicamente associada à recuperação do "fio da meada" em direção ao passado colonial. A arquitetura do colonialismo deveria ser documentada, estudada e preservada não só pelo seu significado histórico e artístico, Lucio Costa argumenta, mas também "em apoio das experiências da moderna arquitetura, mostrando, mesmo, como ela também se enquadra dentro da evolução que se estava normalmente processando."[43]

Além de ser o principal teórico da arquitetura moderna no Brasil, Lucio Costa era um grande conhecedor da história da arte e da arquitetura, especialmente do barroco. Durante sua formação, estudou as cidades coloniais mineiras *in loco*, e mais tarde, ainda em busca das raízes coloniais da arquitetura moderna, realizou extensa pesquisa pelo território rural de Portugal. Seus escritos e desenhos demonstram uma erudição impressionante no trato com a arte e a arquitetura históricas, e de fato, através de sua longa trajetória no IPHAN, Costa desempenhou um papel seminal na definição de conceitos e práticas patrimoniais.[44]

Nos poucos mas influentes textos que escreveu sobre o tema, Costa constrói uma narrativa teórica que situa a história da arte no Brasil em paralelo com a história da civilização ocidental. Seu argumento central é que a arte e a arquitetura produzida durante a colonização portuguesa (1500–1822) seguiram uma evolução estilística que espelhou todo o desenvolvimento da cultura ocidental, de modo que "repetem, curiosamente e na mesma cadência, as várias etapas por que passou toda a arte europeia, em sua evolução da Idade Clássica à Renascença."[45]

SETTLER

MODERNISM

Assim, houve o período do barroco clássico, seguido dos períodos românico e gótico, até atingir o renascimento na segunda metade do século XVIII. Com esse engenhoso esquema, Costa traça um paralelo entre a formação nacional e a civilização ocidental, forjando noções de origem, herança e tradição entre Brasil e Europa por meio da arte e da arquitetura.[46]

Assim como outros modernistas, Lucio Costa considerava as cidades mineiras como o principal representante da tradição arquitetônica brasileira. Em diferentes ocasiões, Costa comentou como sua primeira viagem à região em 1922, sob os auspícios de seu patrono José Marianno, teve um impacto revelador sobre seu pensamento, levando-o à descoberta de uma forma "mais pura" da arquitetura colonial que mais tarde ele associaria à estética minimalista e sem ornamentos do modernismo.[47] Era no interior do Brasil profundo, na fronteira dos sertões, que havia sido preservada uma arquitetura colonial mais autêntica e genuína — ou seja, mais primitiva — sem as influências e maneirismos importados da arquitetura dos centros metropolitanos costeiros. Tratava-se, portanto, de uma arquitetura ainda mais fiel às origens nacionais, e, simultaneamente, mais próxima da estética abstrata do funcionalismo modernista.

Essa associação entre arquitetura colonial e arquitetura moderna se sustentava em uma narrativa que em muitos aspectos já estava dada na ênfase ao caráter "primitivo" do vernacular colonial estabelecida na teoria de Ricardo Severo. No translado para as duras condições de vida da colônia, onde a base material e econômica era muito menos desenvolvida que na metrópole, e a geografia e o clima eram completamente distintos, a arquitetura portuguesa teve que se despojar de artifícios, reduzindo-se a elementos essenciais e, dessa maneira, tornando-se mais simples, racional e funcional. Este esquema permitiu a Costa associar a arquitetura colonial à arquitetura moderna, atribuindo à primeira certos princípios estéticos e construtivos da segunda. Em seu esforço de sintetizar o colonial e o moderno, Costa traça comparações históricas entre técnicas de construção — "o engenhoso processo de que são feitas, barro armado com madeira, tem qualquer coisa do nosso concreto armado" — e associa a aparência "desataviada e pobre" do vernacular colonial com a linguagem minimalista do modernismo.[48]

Aqui é importante prestar atenção ao significado da palavra desataviada: "desadornada, desenfeitada". Refere-se à ausência de ornamentos e, portanto, serve para sublinhar o paralelo entre o colonial e o moderno. Lucio Costa estava tão convicto de sua teoria sintetizando as linguagens arquitetônicas do colonialismo e do modernismo que, no canônico texto *Documentação necessária*, chega a legendar pedagogicamente um de seus desenhos de casas coloniais com a frase "puro Le Corbusier".

Se o gesto de recuperar o passado fazia sentido para um estilo historicista como o neocolonial, estava em total desacordo com a linguagem industrial, abstrata e universalizante proposta pelas vanguardas racionalistas, cujos fundamentos pressupunham uma ruptura radical com o passado e com tradições artísticas. Lucio Costa, no entanto, não via contradição em alinhar a arquitetura do colonialismo com a arquitetura do modernismo. Ao invés disso, afirmava que o caráter singular do modernismo brasileiro se devia ao lastro com o passado colonial, forjando uma nova equação entre tradição e progresso, o primitivo e a máquina, o vernacular e o industrial, a colonialidade e a modernidade. A criação de uma arte nacional moderna e independente não estava em oposição ao colonialismo. Pelo contrário, o colonial era considerado elemento chave a ser revitalizado como fonte da própria modernidade nacional.

A síntese entre o colonial e o moderno elaborada por Lucio Costa foi consagrada na exposição *Brazil Builds: Architecture New and Old, 1652–1942*, realizada no Museu de Arte Moderna (MOMA) em Nova York, em 1943.[49] Responsável por lançar ao reconhecimento internacional o que a partir deste momento seria conhecida como "arquitetura moderna brasileira" — ou "estilo brasileiro", como escreveu o crítico inglês Sacheverell Sitwell[50] — a exposição dava ênfase ao patrimônio arquitetônico colonial do Brasil, corroborando a teoria histórica elaborada por Costa. Em *display* e no catálogo da exposição, arquiteturas que serviram como instrumentos da necropolítica escravagista do Brasil colonial aparecem abstraídas de seu contexto histórico e despidas de sua violência inerente para serem apresentadas como referências formais do modernismo tropical.

A síntese colonial-moderno produzida por Lucio Costa tornou-se a principal referência historiográfica sobre a formação da arquitetura brasileira, sendo repetida e reafirmada em inúmeras análises posteriores.[51] Deste modo, passou a representar mais do que uma narrativa sobre a arquitetura, tornando-se um dos mais poderosos instrumentos ideológicos do programa nacional-desenvolvimentista que se concretizou durante o regime proto-fascista de Vargas, e que seria adotado por todos outros governos subsequentes, tanto democráticos quanto ditatoriais, de JK ao golpe de 1964.

O pensamento racial
em Lucio Costa

Ao longo de toda a sua trajetória, atuando como uma das principais vozes da "nova arquitetura", e também como uma das mais reconhecidas autoridades na "arquitetura tradicional", Lucio Costa refinou sua teoria sobre o lastro entre o colonial e o moderno através de vários textos e projetos arquitetônicos seminais. Brasília, a capital modernista construída no centro do território brasileiro como vetor de expansão nacional, foi seu grande discurso síntese — "trata-se de um ato deliberado de posse, de um gesto de sentido ainda desbravador, nos moldes da tradição colonial ... Dois eixos cruzando-se em ângulo reto, ou seja, o próprio sinal da cruz."[52]

Extremamente influente na época e reverenciado até os dias de hoje, o pensamento de Lucio Costa — manifesto em textos, projetos, curadorias, pareceres, entrevistas etc. — tornou-se objeto de inúmeras pesquisas e publicações, assumindo uma dimensão canônica na interpretação da cultura brasileira, e principalmente da arquitetura. No entanto, na maior parte das vezes, o que escapa às narrativas críticas é o modo através do qual a apropriação do vernacular colonial como elemento identitário da cultura nacional feita por Lucio Costa está em dívida com a perspectiva racializada e racista que ele herda e preserva do discurso neocolonial.[53]

Assim como seus contemporâneos, na década de 1920, quando ainda era uma jovem promessa do "movimento tradicionalista", Lucio Costa endossava abertamente a ideologia do branqueamento e a eugenia. Semelhante a José Marianno e outros arquitetos da época, Costa creditava a impossibilidade de formar um estilo arquitetônico nacional ao caráter miscigenado da população brasileira. "Não vou ao extremo de achar que já devíamos ter uma arquitetura nacional", diz Costa, "naturalmente, sendo o nosso povo [...] de raça ainda não constituída definitivamente, não podemos exigir uma arquitetura própria, uma arquitetura definida".[54]

Ao traçar uma relação genealógica entre raça e arquitetura, Costa afirmava que o estilo nacional só poderia ser alcançado com o branqueamento da população por meio de políticas migratórias eugênicas. Essa visão racista é registrada em uma entrevista de 1928, quatro anos antes de assumir a direção da ENBA — "Toda arquitetura é uma questão de raça", Costa afirma:

> Enquanto o nosso povo for essa coisa exótica que vemos pelas ruas, a nossa arquitetura será forçosamente uma coisa exótica. Não é essa meia dúzia que viaja e se veste na *rue* de la Paix, mas essa multidão anônima [...] que nos envergonha por toda a parte. O que podemos esperar em arquitetura de um povo assim? Tudo é função da raça. A raça sendo boa, o governo é bom, será boa a arquitetura. Falem, discutam, gesticulem, o nosso problema básico é a imigração selecionada, o resto é secundário, virá por si.[55]

Após sua conversão ao modernismo na década de 1930, a questão racial continuou a ser uma preocupação central para Lucio Costa, embora o racismo de suas afirmações tenha se tornado menos explícito. Por exemplo, no seminal texto *Razões da nova arquitetura* (1934), Costa critica a ornamentação dizendo que "o enfeite é [...] um vestígio bárbaro", no que está muito provavelmente influenciado pela narrativa racializada do famoso manifesto modernista *Or-*

nament and Crime do arquiteto austríaco Adolf Loos. Pioneiro da vanguarda europeia, Loos critica o ornamento associando-o com expressões de povos "primitivos", deste modo posicionando a estética sem adornos do modernismo como expressão de uma sociedade mais avançada em termos culturais e raciais. "A evolução da cultura", escreveu Loos, "é sinônimo da remoção de ornamentos".[56]

Ainda que sem fazer referência direta, o texto de Costa denota o mesmo sentido racial. Em outro texto canônico, *Documentação necessária* (1937), ao elogiar a arquitetura popular portuguesa como origem do vernacular colonial, Costa usa o conceito de raça para estabelecer um parentesco entre a cultura brasileira e a europeia: "É nas suas aldeias, no aspecto viril das construções rurais a um tempo rudes e acolhedoras, que as qualidades da raça se mostram melhor."[57]

Enquanto a relação entre raça e arquitetura mantém-se, a diferença substancial com o período neocolonial é que, na transição para o modernismo, Lucio Costa incorpora a visão culturalista sobre raça e miscigenação elaborada por Gilberto Freyre em *Casa-Grande e Senzala*, publicado em 1933. Para esta geração modernista, o ideal de democracia racial através da miscigenação constituía um aspecto singular da brasilidade. Influenciado por Freyre, Costa agora compartilhava os mesmos princípios de artistas e escritores modernos, definindo a "arquitetura tradicional brasileira" como resultado de associações harmoniosas entre as "três raças" que formaram a cultura nacional, mas à sua maneira particular.

"Embora beneficiada pela experiência africana e oriental do colonizador", a arquitetura chegou ao Brasil "já pronta" de Portugal, Lucio Costa argumenta, e "teve de ser adaptada como roupa feita [...] ao corpo da nova terra".[58] O entendimento de que a arquitetura europeia foi pioneira no Brasil partia do pressuposto equivocado de que, ao contrário de outras regiões dominadas pelo Império Português como a Índia, onde os colonizadores encontraram uma civilização milenar representada em palácios e cidades, no Brasil não havia nada parecido porque os povos indígenas estavam em um estágio primitivo da evolução humana. No translado da Europa para os trópicos, a arquitetura portuguesa teria passado por um processo de simplificação, assumindo um caráter "despretensioso e puro" que definia um estilo próprio, ao mesmo tempo luso e brasileiro.[59]

Lucio Costa recorre a Gilberto Freyre para explicar esse processo, chamando-o de "amolecimento". Nos escritos de Freyre, o conceito de "amolecimento" é empregado para transmitir a ideia de que a cultura brasileira é o resultado da civilização europeia tropicalizada e suavizada pela natureza equatorial e pela influência de elementos ameríndios e africanos.[60] Costa usa o termo com o mesmo significado, atribuindo o "amolecimento" da arquitetura portuguesa à "grandiosidade do cenário americano", bem como à "dificuldades materiais de toda ordem" que determinavam a vida na colônia, incluindo o que ele descreve como "mão de obra [...] bisonha de nativos e negros."[61]

Lucio Costa então dedica um longo e confuso parágrafo para explicar como a precária mão de obra de indígenas e negros escravizados influenciou na formação do vernacular colonial, que agora aparece codificado para representar o caráter miscigenado da brasilidade. No início, diz Costa, "o índio" teve dificuldade em se adaptar ao ritmo dos "brancos apressados e impacientes", enquanto "o negro" — "conquanto se tenha revelado com o tempo [...] habilíssimo artista, mostrando mesmo uma certa virtuosidade acadêmica, muito do gosto europeu" — poderia ser comparado com um "bárbaro [...] em seus primeiros contatos com a civilização latina". Em ambos os casos, conclui, "o mesmo jeito de quem está descobrindo coisa nova e não acabou de compreender direito, sem um vislumbre de *maîtrise*, mas cheio de intenção plástica e ainda com aquele sentido de revelação."[62]

No final da década de 1930, portanto, Lucio Costa tinha uma interpretação diferente da formação multiétnica brasileira em relação à que sustentava no período neocolonial. Ele não mais considerava a diversidade étnica como um entrave à criação de um estilo nacional, mas sim como um elemento que dava caráter singular à "arquitetura tradicional brasileira", seu toque de brasilidade. Na tentativa de adaptar um conceito originalmente criado para representar a supremacia branca na formação nacional aos discursos modernistas da mistura e harmonia racial, Costa traduziu a teoria neocolonial da "aclimatação" da arquitetura portuguesa para o "amolecimento" de Gilberto Freyre, atribuindo o aspecto "desataviado e pobre" do vernacular colonial não apenas às condições ambientais e materiais, mas também à influência cultural positiva de indígenas e negros.

O diagrama de poder que sustenta este esquema teórico-histórico macunaímico é bastante simples e didático, e por isso ainda mais influente na sua força ideológica. No topo está o colonizador europeu branco, o arquiteto em si, representante da razão e da racionalidade, e quem detém o conhecimento de tradições artísticas originárias da civilização latina europeia. Na parte inferior está a força de trabalho rudimentar de ameríndios e africanos, que, não escolados na arte ocidental porque pertencentes à culturas "bárbaras" menos civilizadas, contribuíram dando um aspecto mais rude, despretensioso e simples — isto é, mais primitivo — à arquitetura colonial.[63] Daí a razão pela qual Lucio Costa conclui *Documentação necessária* afirmando que o único elemento portador da tradição arquitetônica é a figura do mestre de obras português: "foi ele quem guardou, sozinho, a boa tradição".[64]

(Aqui cabe um breve parêntesis. A sentença de Lucio Costa na íntegra é: "Cabe-nos agora recuperar todo esse tempo perdido, estendendo a mão ao mestre de obras, sempre tão achincalhado, ao velho 'portuga' de 1910, porque — digam o que quiserem — foi ele quem guardou, sozinho, a boa tradição." É interessante notar como a historiografia utiliza esta frase, especialmente a referência ao "velho portuga" como portador da tradição, para descrever e enaltecer a valorização da arquitetura popular realizada por Lucio Costa. Ao mesmo tempo, ignora a conotação racializada implícita nesta referência, que se torna clara quando situada no contexto mais amplo do raciocínio desenvolvido por Costa em *Documentação necessária* e outros textos. Na verdade, o caldo ideológico que relaciona o "velho portuga" como único representante da tradição arquitetônica é uma construção de fundo racial).

Apesar de creditar a contribuição de indígenas e negros na formação da "arquitetura tradicional" — isto é, na própria formação nacional enquanto expressão plástica — Lucio Costa, em conformidade com as teorias de democracia racial e biodemocracia da época, considerava que o cerne da cultura brasileira era a Europa branca. As influências africanas e ameríndias aparecem como elemento residual, e portanto inferior, na formação das tradições artísticas e arquitetônicas nacionais. Em diferentes textos, Lucio Costa faz questão de enfatizar esse ponto, servindo-se do dispositivo racial para afirmar que a contribuição negra e indígena na arquitetura e no design "luso-brasileiros" é marginal, se é que seja relevante.[65]

Por exemplo, no relatório de sua viagem de pesquisa a Portugal em 1948, Costa argumenta que a arquitetura colonial no Brasil não perdeu "sua qualidade ou conotação de obras portuguesas", porque "a contribuição indígena e africana foi por demais frágil [...] para desnaturalizá-la".[66] Em *Notas sobre a evolução do mobiliário luso-brasileiro*, de 1939, um texto seminal onde Costa elabora a síntese colonial-moderno através do design, o viés eurocêntrico e brancocêntrico de sua teoria histórica é ainda mais explícito:

o tratamento mais tôsco de umas tantas peças, ████████████████ provém não só da falta de experiência dos "operários" e daquela "gaucherie" que aproxima os / bárbaros de qualquer raça quando pretendem reproduzir de "ouvido" / os elementos de aquitetura grego-latina, mas, também, da colabora-/ ção de escultores do centro e do norte da Europa

lado a lado com o desenvolvimento da escola erudita e lati- provém, repito, talvez mais dessa "mistura" de procedências diversas combinadas com as deficiências do meio, do que, propriamente, da influência do elemento nativo. Êste, venci- da a primeira fase de rebeldia, deixou-se moldar com docilidade pe- la vontade poderosa do jesuíta.

irmãos, cientes da "superioridade" de sua própria técnica, dessem apresentar de imprevisto o pessoal,

MINISTÉRIO DA EDUCAÇÃO · DPHAN · ARQUIVO

Estado: _____
Município: _____
Localidade: _____
Monumento: _____

Fot. N.º _____ Neg. N.º _____ Oper.: _____
Dia: _____ Mês: _____ Ano: _____

Foto MARCEL GAUTHEROT...

6|2

D P H A N
ARQUIVO

MUSEUS

MUSEU DAS MISSÕES

Mat.: _____ Dim.: _____ Data: _____

Tit.: Sino de Mla

Dizeres: "Año 1712 · San Ignacio ma pro nobis"

Fot. nº 29.033 Neg. nº 7.546 Oper.: _____
Dia: _____ Mês: _____ Ano: _____
em 1.96

6-6-62

Tendo o Brasil permanecido como colônia portuguesa até 1822, é natural que o nosso mobiliário seja, antes de mais nada, um desdobramento do mobiliário português. Se o material empregado era, isto sim, bem brasileiro, aqueles que trabalharam foram sempre ou portugueses filhos mesmo de Portugal [...] ou, quando nascidos no Brasil, de ascendência exclusivamente portuguesa, ou então mestiços, misturas em que entravam, junto com o do negro e do índio, dosagens maiores ou menores de sangue português. Quanto ao negro ou índio sem mistura, limitava-se o mais das vezes a reproduzir móveis do reino e de qualquer forma se fazia mestre no ofício sob as vistas do português.[67]

A associação entre design e raça estabelecida nesta passagem; o fato desse texto ter sido escrito em 1939, no alvorecer do Holocausto, e ser considerado referência no estudo do patrimônio artístico brasileiro; somados ao racismo de atribuir a agência do design apenas àqueles que possuem "sangue português" — são elementos que precisam ser notados e discutidos quando consideramos que além de ser o principal artífice da arquitetura moderna brasileira, Lucio Costa também figura entre os mais influentes intérpretes da formação cultural nacional.

Outro documento notável neste sentido é o texto *Depoimento de um arquiteto carioca*, de 1951, onde Lucio Costa elabora uma historiografia do surgimento da arquitetura moderna no Brasil.[68] Na transição para a modernidade ao longo do século dezenove, dois fatores "fundamentais" transformaram o programa, a construção, e a expressão formal da habitação brasileira, Costa argumenta: a abolição da escravidão e a revolução industrial. Em sua obsessão por sintetizar o colonial e o moderno, Costa faz então uma analogia entre o conceito de "máquina de morar" de Le Corbusier e o regime escravagista da Casa-Grande:

> A *máquina* brasileira *de morar*, ao tempo da Colônia e do Império, dependia dessa mistura de coisa, de bicho e de gente, que era o escravo [...] Era ele que fazia tudo *funcionar* — havia negro para tudo [...] O negro era esgoto; era água corrente no quarto, quente e fria; era interruptor de luz e botão de campainha; o negro tapava goteira e subia vidraça pesada, era lavador automático, abanava que nem ventilador. [ênfase de Lucio Costa]

Em Le Corbusier, o conceito de "máquina de morar" busca traduzir as transformações na habitação ocorridas com a modernização tecnológica. A casa torna-se máquina porque é equipada com uma série de instrumentos e infraestruturas urbanas como serviço sanitário, distribuição de água e energia, aquecedores, refrigeradores etc.[69] Costa manipula este conceito modernista para situar a origem da "máquina brasileira de morar" no passado colonial, mais precisamente no complexo espacial casa-grande e senzala, associando a funcionalidade moderna à figura do negro escravizado. Esta analogia entre modernidade e colonialismo, máquina e escravidão, permite Costa afirmar que a abolição foi um ponto de virada na evolução da casa brasileira em direção ao modernismo porque, uma vez sem escravos ou "criadagem", tal máquina tornou-se deficiente e obsoleta, demandando então ser reconfigurada pelo design funcionalista da "nova arquitetura".

Lucio Costa começa afirmando que, após a abolição, os padrões de exploração decorrentes do "vil fundamento" da

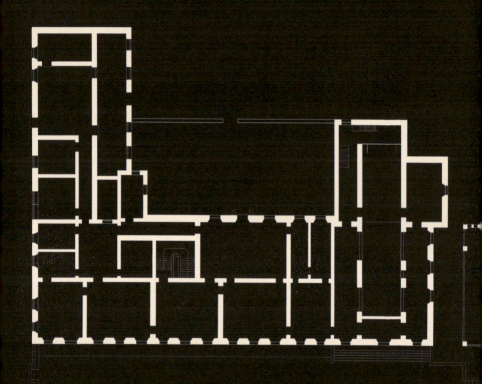

A MÁQUINA BRA

ESTUDO
SÉC. XV

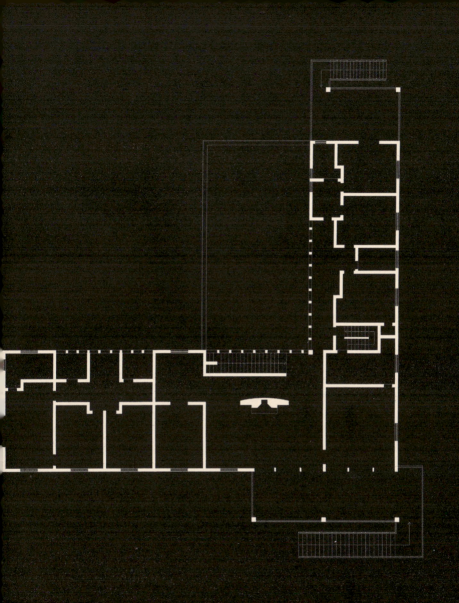

A DE MORAR

GICO
940

escravidão perduraram, permitindo "à burguesia manter, mesmo sem escravos oficiais, o trem fácil da vida do período anterior". Em seguida, Costa explica como a "rebeldia" de trabalhadoras negras submetidas a este regime de exploração transformou a moradia brasileira. Este raciocínio é desenvolvido utilizando o termo "primitivo" em conotação racista:

> Só mais tarde, com o primeiro pós-guerra, a pressão econômica e a consequente valorização do trabalho, despertaram nas 'domésticas' a consciência de sua relativa libertação, iniciando-se então a fase da *rebeldia,* caracterizada pelas 'exigências absurdas' (mais de cem mil réis!) e pela petulância no trato ao invés da primitiva humildade. [ênfase de Lucio Costa]

Lucio Costa então dedica um parágrafo inteiro para fazer um comentário absolutamente irrelevante para a temática que desenvolve no texto, a não ser pelo fato de que expõe sua visão racial neste momento, em 1951, visão que, a julgar por esta passagem, parece ter mudado pouco desde os anos 1920:

> Aliás, a criadagem negra e mestiça foi precursora da *americanização* dos costumes das moças de hoje: as liberdades de conduta, os 'boy-friends', os 'dancings' e certos trejeitos vulgares já agora consagrados nos vários escalões da hierarquia social. [ênfase de Lucio Costa]

Retomando o fio do argumento, Costa então descreve como a "tardia valorização" da força de trabalho negra e mestiça ocorrida com a "fase de rebeldia" alterou completamente o programa da habitação brasileira:

Esta tardia valorização afetou o modo de vida e, portanto, o programa da habitação. Em vez de quatro ou cinco criados — duas empregadas ou apenas uma, senão mesmo prescindir de toda ajuda mercenária.

Estas passagens mostram que a genealogia da moderna "máquina brasileira de morar" — isto é, sua tradição — provém da grande casa colonial dos engenhos e latifúndios bandeirantes, com suas dezenas ou quantos mais "criados". Sem os escravizados, depois transformados em trabalhadores superexplorados, Costa conclui que "a máquina já não funcionava bem".[70] Logo, o argumento em favor da arquitetura moderna, sugerindo que as novas tecnologias vieram substituir a funcionalidade doméstica antes realizada por trabalhadores de cor.

Na transição do colonial para o moderno, o que permanece é o valor simbólico da casa-grande como expressão da tradição e ao mesmo tempo referência da modernidade. Esta ideia não pode ser dissociada do elemento racial que lhe informa, seja aberta ou silenciosamente, expondo assim os alicerces ideológicos de um imaginário de modernidade nacional que, ao final, se quer branco e ocidental.

Embora despojado dos fundamentos mais explícitos da supremacia branca do discurso neocolonial, a articulação entre modernidade e tradição realizada por Lucio Costa é assombrada pela visão racializada através da qual a arquitetura do colonialismo veio a ser definida como "arquitetura tradicional brasileira". Ao longo de sua trajetória, Costa parece abandonar os pressupostos biológicos do pensamento racial ortodoxo para adotar uma visão menos preconceituosa sobre a diversidade étnica. Entretanto, em seus textos prevalece a ideia, ainda que comunicada de forma indireta, da superioridade branca na formação artística e cultural nacional. Os próprios conceitos de "arquitetura luso-brasileira" ou "tradições luso-brasileiras" para designar a arquitetura do colonialismo são, no fundo, conceitos de ordem racial.

Por um outro "fio da meada"

Conforme argumenta a historiadora da arquitetura Irene Cheng, embora a linguagem abstrata e sem ornamentos do modernismo seja moldada por perspectivas racializadas, o modernismo em si, enquanto movimento cultural e político, aspirava transcender divisões nacionais e raciais, ou seja, aspirava ser internacional e universal.[71] Em outras palavras, é da própria natureza ideológica do modernismo apresentar-se como racialmente neutro.

Paradoxalmente, na teoria histórica da arquitetura brasileira elaborada por Lucio Costa, vemos o movimento em sentido oposto: é através da racialização que o modernismo se torna uma manifestação do caráter nacional. Assim sendo, ao contrário do que a maior parte da historiografia faz entender, a questão racial não é uma nota de rodapé no pensamento de Lucio Costa, e consequentemente também na história da arquitetura moderna (nacional e internacional). Conforme busquei descrever neste breve ensaio, alguns dos textos mais influentes de Costa posicionam a raça como elemento chave dentro da genealogia da arquitetura brasileira tradicional e moderna.

Lucio Costa foi um personagem de seu tempo, e sua perspectiva racializada e francamente racista deve ser observada como parte de um contexto cultural e histórico mais amplo, dentro do qual não é exceção. Entretanto, se é certo que não podemos analisar o pensamento de Costa com as lentes do presente, tampouco podemos deixar de reconhecer que sua interpretação da formação da arquitetura brasileira, e da cultura nacional de maneira geral, é sustentada por conceitos plenamente racializados e racistas. Estes conceitos informaram a ideia de brasilidade forjada pelo modernismo nas décadas de 1930–1950, tanto no que diz respeito ao entendimento do que é ser moderno quanto ao entendimento de tradição e patrimônio. Deste modo, acabaram por definir imaginários dominantes sobre a identidade e a modernidade nacional, de tal forma que ainda hoje continuam sendo comemorados sem o devido olhar crítico à sua dimensão colonial-racial e a violência que ela implica.

Neste sentido, as posições e discursos de Lucio Costa são menos surpreendentes que o silêncio sepulcral da historiografia diante do papel central da raça na formação do conceito de "arquitetura brasileira" (tradicional e moderna). Por omissão, somos levados a compactuar com a ideia de que a questão racial é um elemento marginal no modernismo brasileiro e sua historiografia, configurando uma espécie de discurso arcaico e irrelevante remanescente do pensamento racial do século XIX. Este pacto de silêncio, ainda que não conscientemente elaborado, é em si mesmo a manifestação de um dos aspectos mais poderosos do racismo à brasileira, que consiste no pressuposto de que a questão racial não é uma questão no Brasil por conta de nossa suposta democracia étnica, e que portanto a raça não se apresenta como problema social e político a ser debatido, quem dirá no campo da arquitetura.

Hoje, nos encontramos em um momento da história em que é preciso desafiar e descontruir estes imaginários, narrativas e edificações ideológicas; em que é preciso contestar os monumentos.

É preciso questionar o entendimento de que a tradição nacional é produto do colonialismo europeu que a teoria histórica de Lucio Costa sustenta. Isso também significa exumar as fundações racializadas do modernismo brasileiro e expor sua cumplicidade com narrativas coloniais da formação nacional que comunicam a superioridade branca. Para os povos indígenas e as populações negras cujos ancestrais foram violentamente deslocados de suas terras e escravizados, a ideia de que a arquitetura do colonialismo é a representação fundacional de tradições nacionais aparece como a continuação da violência colonial por outros meios.

Lucio Costa famosamente declarou que a tarefa dos arquitetos era "descobrir o fio da meada" que nos levaria até as origens nacionais no passado colonial. Nossa tarefa hoje é tecer este fio a contrapelo para muito além do colonial, costurando uma rede de relações que nos leve até outras geografias, histórias e tradições que não sejam expressões da branquitude ocidental.[72] Uma rede que nos permita acessar outras narrativas, ancestralidades e epistemologias, desenhando os contornos de territorialidades decoloniais contra-hegemônicas, dando visibilidade a espaços, práticas e imaginários que apontem para uma outra forma de conceber e narrar aquilo que não é nem nunca poderá vir a ser, na acepção histórica e política do termo desvelada neste ensaio, "arquitetura brasileira."

Interrogação necessária

Roberto Conduru

No título, Paulo Tavares dá o tom de seu ensaio ao perguntar: "Lucio Costa era racista?" Em seguida, revê alguns de seus textos cruciais, demonstrando como a questão racial e o colonialismo embasam seu pensamento. Se em 1928, na entrevista que concedeu ao jornal *O Paiz*, Costa diz que "Tudo é função da raça. A raça sendo boa o governo é bom, será boa a arquitetura. Falem, discutam, gesticulem, o nosso problema básico é a imigração selecionada, o resto é secundário, virá por si",[1] em 1957, no *Relatório do Plano Piloto de Brasília*, ele afirma: "Trata-se de um ato deliberado de posse, de um gesto de sentido ainda desbravador, nos moldes da tradição colonial".[2]

Os descompassos entre ideias, ações e obras arquitetônicas fazem pensar como a racialidade e o colonialismo se manifestam na arquitetura e no urbanismo de Costa. O foco de Tavares é, contudo, ao mesmo tempo mais circunscrito e mais abrangente. Como fica claro a partir do subtítulo de seu ensaio — "Notas sobre raça, colonialismo e a arquitetura moderna brasileira" —, embora se concentre em textos teóricos e memorialísticos de Costa, seu questionamento alcança a modernidade artística brasileira e até sua crítica.

---

1. Lucio Costa, "O arranha-céu e o Rio de Janeiro". *O Paiz*, Rio de Janeiro, 1º de julho de 1928, p.4.
2. Lucio Costa, "Relatório do Plano Piloto de Brasília" (1957). In REIS, Carlos Madson; VASQUES, Claudia Marina; RIBEIRO, Sandra Bernardes (orgs.). *Brasília, cidade que inventei*. Brasília: IPHAN-DF, 2018, p.29.

Ao enfrentar os escritos de Lucio Costa, Paulo Tavares revê a racialidade e o colonialismo em outros agentes e realizações do modernismo brasileiro. Detém-se inicialmente no movimento em prol da "arquitetura tradicional brasileira", seus mentores, adeptos e simpatizantes. Passa pela Semana de Arte Moderna, realizada em São Paulo em 1922, cuja modernidade incluía projetos neocoloniais de Antonio Garcia Moya e Georg Przyrembel. Aborda a obra de Mário de Andrade, outra figura monumental da cultura brasileira e que, assim como Costa, reviu seu envolvimento com as ideias do movimento neocolonial e aderiu às hostes modernistas. *En passant*, Tavares cita ainda Lina Bo Bardi e sua revista *Habitat*.

Ao mostrar como as ideias de Ricardo Severo e de José Marianno Filho ressoaram nas reflexões de Costa, Tavares ressalta a historicidade de seu pensamento, bem como as escolhas que ele fez no ambiente artístico e intelectual brasileiro no início do século XX, as quais foram fundamentais não apenas para sua obra teórica, mas também para sua bem sucedida trajetória profissional.

O engajamento no movimento neocolonial era coerente com os valores por ele cultivados em sua formação. Em *Depoimento de um arquiteto carioca*, de 1951, Costa revê suas escolhas prévias, qualifica o neocolonial como "artificioso revivescimento formal de nosso passado" e diz que esse "pseudo-estilo" foi "fruto da interpretação errônea das sábias lições de Araújo Viana". Mais de duas décadas após ter participado ativamente das atividades promovidas por Marianno Filho, Costa desmerecia as realizações do movimento neocolonial, mas preservava sua estima pelos ensinamentos de Ernesto da Cunha Araújo Viana, professor de história e teoria da arquitetura na Escola Nacional de Belas Artes, e cujas ideias foram importantes para o pensamento e a obra de Costa. Em 1915, no curso que ministrou no Instituto Histórico e Geográfico Brasileiro sobre artes plásticas no Brasil, em geral, e no Rio de Janeiro, em particular, Araújo Viana defendeu enfaticamente a herança artística colonial: "Foi a civilização da metrópole a vencedora, continuada e cultivada até hoje, embora não tenham faltado atentados até contra as tradições de nossa vernaculidade portuguesa..."[3]

Ao longo do tempo, o elogio ao colonizador foi sendo matizado no pensamento de Costa. O eco das ideias de Gilberto Freyre em sua obra teórica, a partir da década de 1930, particularmente um entendimento menos negativo da miscigenação étnica constitutiva da sociedade brasileira, é outro indício de como suas ideias se transformaram à medida em que o arquiteto se reposicionava no meio cultural brasileiro. Em *A arquitetura dos jesuítas no Brasil*, de 1941, Costa avalia positivamente as "obras de sabor popular", que qualifica como "arte 'brasileira'" e diferencia das "obras luso-brasileiras", que a seu ver deveriam ser nomeadas como "portuguesas do Brasil", sem especificar, contudo, as contribuições de

---

3. Ernesto Araújo Viana, "Das artes plásticas no Brasil em geral e no Rio de Janeiro em particular". *Revista do Instituto Historico e Geographico Brasileiro*, Rio de Janeiro, tomo LXXVIII, 1915, p.511-512.

indígenas e africanos na criação de "relações plásticas novas e imprevistas, cheias de espontaneidade e de espírito de invenção".[4]

O alcance maior do questionamento de Tavares é perceptível também quando ele aborda a recepção crítica do pensamento modernista. Ao ressaltar passagens racializadas e colonialistas em escritos de Costa, Tavares chama nossa atenção para o que lemos e não percebemos, ou fingimos não existir, em textos dele e de outros autores modernistas — o que traz à luz o silêncio na crítica posterior a eles. O desparecimento dessas questões no discurso teórico, crítico e historiográfico a partir de um certo momento não significa que a raça e o colonialismo deixaram de ser estruturantes do campo arquitetônico e de sua crítica, assim como na sociedade. Ao contrário, esse silêncio é um problema em si e, talvez, um maior do que o racismo antes explícito, evidente. Cúmplice, complacente ou alienado, esse silêncio crítico tem sido duplamente problemático, pois com ele, nós, os críticos, nos abstemos de pensar a racialidade e o colonialismo entranhados no pensamento daqueles autores, mas também nos eximimos de refletir sobre essas questões em nossas próprias ações e obras.

Ao desvelar o que é facilmente legível, mas permanecia paradoxalmente imperceptível ao ser coberto por um opaco véu de silêncio, Tavares nos interroga por que a racialidade e o colonialismo na obra de Costa nunca foram enfrentados criticamente.

---

4. Lucio Costa. "A arquitetura dos jesuítas no Brasil". *Revista do Serviço do Patrimônio Histórico e Artístico Nacional*, Rio de Janeiro, no.5, 1941, p.63.

E nos faz ver que esse silêncio é um indício da persistência do racismo na produção arquitetônica e em sua crítica no Brasil, ajudando a sustentar o mito da democracia racial no país. Parafraseando Costa em "Documentação necessária", podemos dizer que "A nossa antiga (e recente crítica de) arquitetura ainda não foi (e necessita ser) convenientemente estudada".[5]

Livros como *White Papers, Black Markers*,[6] *Eugenics in the Garden*[7] e *Race and Modern Architecture*[8] permitem perceber que o silêncio crítico não é uma invenção ou uma exclusividade da crítica de arquitetura brasileira. No Brasil, entretanto, a recusa em pensar raça e colonialismo tem implicações singulares, pois se soma ao atraso dos brasileiros em respeitar a proibição internacional do tráfico de pessoas escravizadas nos Oitocentos, em extinguir a escravidão, em reconhecer a existência do racismo na sociedade brasileira, em discuti-lo, em debater e implementar políticas públicas que revertam os persistentes nefastos efeitos da escravidão, do racismo e do colonialismo.

---

5. Lucio Costa, "Documentação necessária". *Revista do Serviço do Patrimônio Histórico e Artístico Nacional*, Rio de Janeiro, no.1, 1937, p.31.

6. Lesley Lokko, Naa Norle (org.). *White papers, Black marks*: architecture, race, culture. Minneapolis: University of Minnesota Press, 2000.

7. Fabiola Lopez-Duran, *Eugenics in the garden*: transatlantic architecture and the crafting of modernity. Austin: University of Texas Press, 2018.

8. Irene Cheng; Charles Davis II; Mabel O. Wilson (orgs.). *Race and modern architecture*: a critical history from the Enlightenment to the present. Pittsburgh: University of Pittsburgh Press, 2020.

Com certeza, há precedentes no enfrentamento dessas questões. Um exemplo é o projeto "Oito vertentes e dois momentos de síntese da arquitetura brasileira", no qual Edgar Graeff começou a elaborar, na década de 1970, uma "historiografia brasileira da arquitetura" que relativizava a vertente europeia em meio às variadas contribuições culturais que formaram o Brasil, seu urbanismo e sua arquitetura.[9] Outro exemplo é o livro *Arquitetura popular brasileira*, de 2005, no qual Gunter Weimer analisa as contribuições africanas e indígenas para os modos populares de construir e viver.[10] É mais recente, contudo, o enfrentamento da questão racial, como, por exemplo, nas ações de Fábio Velame, líder do grupo de pesquisa EtniCidades: Grupo de Estudos Étnico-Raciais em Arquitetura e Urbanismo, na Universidade Federal da Bahia.[11]

Com seu ensaio-pergunta, Tavares abre de modo explícito a discussão sobre racialidade e colonialismo como fatores estruturantes na teoria, na crítica e na historiografia da arquitetura no Brasil.

Não se pode reduzir Lucio Costa às suas visões racializadas e colonialistas. Elas fazem parte de um agente cultural complexo como a sociedade a partir da qual ele atuou. E, como tal, devem ser analisadas com rigor crítico, longe de mitificações enaltecedoras

---

9. Wilton de Araújo Medeiros, "Arquitetura e ética 'outra' como sentido da obra de Edgar Graeff". *PIXO - Revista de Arquitetura, cidade e contemporaneidade*, vol.2, 2018, p.24-25.
10. Günter Weimer, *Arquitetura popular brasileira*. São Paulo: Martins Fontes, 2005.
11. Acesso ao site do grupo em http://etnicidadesufba.blogspot.com/; acesso ao curriculum vitae do professor em http://lattes.cnpq.br/0386406510741414.

ou aviltantes. Não se deve, contudo, escondê-las, escamoteá-las ou esquecê-las. Explícitos ou implícitos, ressaltados ou silenciados, racialidade e colonialismo são fatores cruciais na estrutura social brasileira que precisam ser enfrentados em seus variados domínios, entre os quais o campo da arquitetura e de sua crítica, com vistas à construção de outro mundo, igualitário e não racializado. O ensaio de Paulo Tavares é uma interrogação necessária.

Notas

1. Irene Cheng, Charles L. Davis II, Mabel O. Wilson (ed.), *Race and Modern Architecture: a critical history from the Enlightment to the Present*. University of Pittsburg Press: Pittsburg, 2020.

2. "Se alguma coisa eu trouxe das minhas viagens à Europa dentre duas guerras, foi o Brasil mesmo. O primitivismo nativo era o nosso único achado de 22." Oswald Andrade, "O caminho percorrido", in: Oswald Andrade, *Ponta de lança* (Obras Completas vol.5), Civilização Brasileira, 1971, p.96.

3. Sobre o primitivismo modernista elaborado na revista *Habitat*, veja Paulo Tavares, *Des-habitat*, São Paulo: n-1 edições, 2021.

4. No número especial da revista inglesa *The Architectural Review* sobre a arquitetura brasileira, publicado em abril de 1944 seguindo o sucesso da exposição *Brazil Builds* realizada no MOMA em 1943, o escritor inglês Sacheverell Sitwell utiliza o termo "brazilian style" para definir a singularidade da arquitetura brasileira, repetindo a associação entre o colonial e o moderno elaborada por Lucio Costa. Em *Guide to Modern Architecture* de 1962, o crítico de arquitetura inglês Reyner Banham famosamente definiu a arquitetura brasileira desta geração como o "primeiro estilo nacional" do movimento moderno (ver Zilah Quezado Deckker, *Brazil*

Built: the architecture of the moder movement in Brazil. London: Spon Press, 2001).

5. A profusão de neoestilos que se espalhava pelos centros urbanos do Brasil, Mário de Andrade diz ironicamente: "dá a nossa urbe um aspecto de exposição internacional" (Mário de Andrade, "A arte religiosa no Brasil", in: *Revista do Brasil*, n.54, p.110).

6. Nesta passagem, é importante notar o uso que Ricardo Severo faz da palavra "atavio", que remonta à ideia de ornamentação: "enfeite vistoso, adereço, adorno". A arquitetura colonial brasileira apresentava-se "sem o menor atavio", isto é, marcada por uma "simplicidade primitiva". Anos depois, Lucio Costa usaria o mesmo termo — "desataviada" — para traçar um paralelo entre a arquitetura colonial e a estética minimalista do modernismo. Ricardo Severo, "A arte tradicional no Brasil: a casa e o templo", in: *Sociedade de Cultura Artística*, Conferências: 1914–1915, São Paulo: Typographia Levi, 1916. As citações vêm respectivamente das páginas 52-53; 43; 78 e 53. Este texto é a transcrição da palestra "Arte Tradicional no Brasil: a casa e o templo" proferida por Ricardo Severo na Sociedade de Cultura Artística de São Paulo, e publicada no jornal O Estado de S. Paulo em 26 de julho de 1914. Sobre o papel seminal desta palestra na elaboração da questão nacional na arte, de certa forma antecipando o movimento modernista, ver Tadeu Chiarelli, *Um Jeca nos Vernissages*, São Paulo: Edusp, 1995. As principais ideias teóricas de Severo sobre "arquitetura tradicional brasi-

leira" estão registradas nesta e em duas outras palestras: uma proferida em 1911 no Instituto Histórico e Geográfico Brasileiro (IHGB), intitulada "Culto à Tradição"; e outra proferida em 31 de março de 1916 no grêmio estudantil da Escola Politécnica de São Paulo, intitulada "Arte Tradicional no Brasil: Da Arquitetura", e publicada originalmente na Revista do Brasil, São Paulo, ano II, v.4, janeiro-abril de 1917, p. 394-424. Para uma análise histórica detalhada da obra teórica e arquitetônica de Ricardo Severo, e sua influência na visão modernistas sobre arte, arquitetura e patrimônio tradicional no Brasil, ver Joana Mello, *Ricardo Severo: da arqueologia portuguesa à arquitetura brasileira*, São Paulo: Annablume, 2007.

7. Ricardo Severo, "A arte tradicional no Brasil..." *op. cit.*, 1916, p.46. Nessa passagem, Severo deixa claro que as origens da arte tradicional brasileira derivam exclusivamente de fontes ocidentais: "Os fundamentos da arte tradicional brasileira não assentam, pois, nas artes elementares do primitivo indígena. Teremos que os procurar mais perto da nossa idade e da nossa índole, após o estabelecimento dos povos que, pelo século XVI, partiam do Ocidente europeu para a descoberta do resto do mundo." Em outra passagem, três páginas adiante, Severo afirma que "é portanto no período histórico da colonização portuguesa que temos de ir procurar as origens da arte tradicional no Brasil".

8. Ricardo Severo, *A arte tradicional no Brasil...*, 1916, p.53.

9. Ricardo Severo, *A arte tradicional no Brasil...*, 1917, p.398.

10. A visão de Ricardo Severo a respeito da *arquitetura tradicional brasileira* foi moldada pelo seu envolvimento com movimentos nacionalistas em Portugal que se opunham ao ecletismo em favor de uma *arquitetura autóctone*, principalmente com as campanhas revivalistas da *Casa portuguesa* promovidas pelo arquiteto Raul Lino (ver Joana Mello, em "Ricardo Severo: da arqueologia portuguesa à arquitetura brasileira", *op. cit.*).

11. Mário de Andrade, "A arte religiosa no Brasil", in: *Revista do Brasil*, Rio de Janeiro, n.50, fevereiro de 1920, p.96. "Dessas edificações primitivas um bem nos adveio: deram-nos um fana, fixaram um estilo, propalaram-lhe a regra; foram simultaneamente exemplo e tradição, incentivo e saudade."

12. "Em vez de continuarmos a suave ascensão que trilhamos, buscando na tradição o trigo alimentar, procuramos outros estilos, outras fórmulas como se pudessem estes comovidamente falar a alma de um povo." Mário de Andrade, "A arte religiosa no Brasil", in: *Revista do Brasil*, Rio de Janeiro, n.54, junho de 1920, p.108-109.

13. Mario de Andrade, "De São Paulo", in: *Illustração Brasileira*, Fevereiro 1921. Nesta passagem Mario de Andrade associa a ideia de "estilo brasileiro" com elementos culturais e também raciais. "Mas o que há de mais glorioso para nós é o novo estilo neo-colonial que um grupo de arquitetos nacionais e portugueses, com o Sr. Ricardo Severo à frente, procura lançar. ... Não me consta

que já tenha havido no Brasil uma tentativa de nacionalizar a arquitetura, estilizando e aproveitando os motivos que nos apresenta o nosso pequeno passado artístico, e formando construções mais adaptadas ao meio. ... Se o publico, bastante educado, ajudar a interessante iniciativa, teremos ao menos para a edificação particular (e é o que importa) um estilo nosso, bem mais grato ao nosso olhar, hereditariamente saudoso de linhas anciãs e próprio ao nosso clima e ao nosso passado. ... São Paulo será a fonte dum estilo brasileiro ... Deixem me crer que embora perturbado pela diversidade das raças que nele avultam, pela facilidade de comunicação com os outros povos, pela vontade de ser atual, europeu e futurista, o meu estado vai dar um estilo arquitetônico ao meu Brasil. Ah! deixem-me sonhar...".

14. "Arquitetura colonial", *O Estado de S.Paulo*, sexta-feira, 13 de abril de 1926, p.4.

15. Como parte da chamada "Campanha pela arte tradicional no Brasil", Ricardo Severo contratou pintores como Wasth Rodrigues para documentar edifícios do vernacular colonial. Na palestra "Arte tradicional no Brasil: da arquitetura", proferida no grêmio dos estudantes da Escola Politécnica de São Paulo, em 1916, Severo já havia elaborado sobre a necessidade de um método empírico arqueológico para se estudar e documentar o legado da arquitetura colonial.

16. "Arquitetura colonial", *O Estado de S.Paulo*, 13 de abril de 1926, p.4. Outro exemplo do suporte ao neocolonial é a reportagem "Ressurreição da cidade", publicada da *Revista Illustrada* em março de 1924, n.43.

17. Marianno liderou a criação do Instituto Brasileiro de Arquitetos em 1921; em 1923, assumiu a presidência da Sociedade Brasileira de Belas Artes; e entre 1926–1927 dirigiu a Escola Nacional de Belas Artes (ENBA). Sob a liderança de Marianno, a Sociedade Brasileira de Belas Artes patrocinou viagens de documentação das cidades coloniais de Minas Gerais para os mais destacados estudantes da ENBA, incluindo Neréo de Sampaio, Nestor Figueiredo e Lucio Costa. Sobre a trajetória de José Marianno, ver: Augusto da Silva Telles, "Neocolonial: la polemica de José Mariano", in: Aracy Amaral (org), *op. cit.*

18. Sobre a importância do Solar Monjope como manifesto arquitetônico neocolonial, e o papel que desempenhou como exemplar didático do *estilo brasileiro*, sendo visitado por personalidades internacionais e estudantes de arquitetura, ver: Fernando Atique, "De 'casa manifesto' a 'espaço de desafetos': os impactos culturais, políticos e urbanos verificados na trajetória do Solar Monjope, in: *Estudos Históricos Rio de Janeiro*, vol.29, n.57, p.215-234, 2016.

19. "Os dez mandamentos do estilo neocolonial aos jovens arquitetos", in: *Architectura no Brasil*, n.21, junho de 1923.

20. No texto "Brasilidade arquitetônica" de 1931 (*O jornal*, Rio de Janeiro, 15 de julho de 1931, p.2), escrito após a "revolução modernista" lançada por Lucio Costa como diretor da Escola Nacional de Belas Artes, Marianno tenta aproximar o neocolonial à ideia de brasilidade elaborada pelas vanguardas: "[...] se há alguma coisa que possua, de fato, a mandinga da 'brasilidade', eu creio que é justamente a arquitetura tradicional brasileira, se é que, como o vocábulo parece indicar, a sua qualidade deriva do próprio Brasil".

21. Carlos Kessel, "Vanguarda efêmera: arquitetura neocolonial na Semana de Arte Moderna de 1922", in: *Estudos históricos*, Rio de Janeiro, n.30, 2002, p.110-128. A arquitetura teve uma participação modesta na Semana de 1922, sendo representada por dois arquitetos imigrantes: o polonês Georg Przyrembel, expoente do estilo neocolonial em São Paulo na época, e o arquiteto espanhol Antonio Garcia Moya, que apresentou projeto que evocava monumentos pré-colombianos. Como Kessel mostra, na época, o neocolonial era um produto cultural bem definido, elaborado por meio de uma rede institucional que incluía publicações como a *Revista do Brasil*, o jornal *O Estado de S.Paulo*, o Liceu de Artes e Ofícios de São Paulo, e a Escola Nacional de Belas Artes no Rio, entre outros.

22. Em alguns casos, a busca pela identidade nacional levou à apropriação de motivos indígenas, como o "estilo neoazteca" na Argentina, o "estilo marajoara" no Brasil, e a tendência "neo-pré-hispânica" no México. Sobre o movimento neocolonial nas Améri-

cas, ver Aracy Amaral (org), *op. cit.* Sobre o uso nacionalista do "estilo neo-pre-hispânico" no México e em outros países da America Latina ver a pesquisa de Rodrigo Gutiérrez Viñuales, "La arquitectura neoprehispánica: manifestación de identidad nacional y americana – 1877/1921", in: *Vitruvius*, 041.04, ano 4, outubro de 2003.

23. Por exemplo, ao defender o estilo francês Luís XVI como símbolo do progresso e da civilização, Christiano Stockler das Neves (1889–1882), uma das figuras mais importantes da arquitetura brasileira naquela época, acusava o movimento neocolonial de Marianno de ser "uma imitação ao que os norte americanos fizeram consoante a arquitetura das missões da Califórnia, originária da arte espanhola, muito mais fecundo... Eis porque, com a responsabilidade de professor de arquitetura, me ocorreu protestar que se chama "nossa" uma arquitetura de povos alheios, já empregada com sucesso pelos arquitetos americanos em Pasadena, Los Angeles e outras cidades da Califórnia. São mais modestos os americanos. Não dão a fisionomia destas edificações o nome de estilo nacional, mas sim estilo das Missões", in: Christiano Stockler das Neves, "Arquitetura tradicional III", *O jornal*, Rio de Janeiro, 7 de maio de 1921.

24. "A adaptação do velho estilo arquitetônico que recebeste de teus avós, as tuas necessidades atuais, significa simplesmente evolução. Em arquitetura não há criação, improvisação. Os estilos não possuem fronteiras. Eles servem civilizações, acompanhando-lhes

o ritmo ... A arquitetura deve revelar a tua nacionalidade, e o próprio caráter de tua raça", in: José Marianno, "Reflexões sobre arquitetura", *O jornal*, Rio de Janeiro, 10 de novembro de 1929, p.4.

25. Aqui vale lembrar o papel da "cabana primitiva" nas exposições mundiais na Europa durante o século XIX, que servia para legitimar o evolucionismo antropológico através da arquitetura. O conceito da "cabana primitiva", em sua forma ideal ou etnográfica, desempenhou um papel chave na teoria da arquitetura desde o século dezoito até o século XX.

26. Sobre as definições racializadas do conceito de estilo na história e teoria da arquitetura do século XIX, ver Irene Chang, "Structural Racialism in Modern Architectural Theory", in: Irene Chang, Charles L. Davis II, Mabel O. Wilson (ed), *Race and Modern Architecture*: a critical history from the Enlightment to the Present, University of Pittsburg Press: Pittsburg, 2020.

27. "Arquitetura Colonial VIII", *O Estado de S.Paulo*, São Paulo, 29 de abril de 1926, p.4. A linguagem do texto é marcadamente influenciada pelas visões do determinismo ambiental e racial: "... arquitetura colonial é, de fato, a única que fala de nossas origens históricas e que, trazendo caráter racial bem definido, corresponde, do ponto de vista das habitações privadas, a natureza do clima".

28. Nas décadas de 1920 e 1930, José Marianno escreveu vários textos para a imprensa, fez palestras e deu entrevistas expondo suas

teorias sobre a formação do "estilo brasileiro", principalmente no periódico *O jornal* publicado na capital federal Rio de Janeiro. Em 1943, Marianno publicou dois livros reproduzindo alguns desses artigos, *À margem do problema arquitetônico nacional* (Rio de Janeiro: Artes Gráficas, 1943); e *Debate sobre estética e urbanismo* (Rio de Janeiro: Est.de Artes Gráficas, 1943).

29. José Marianno, "Judaísmo arquitetônico", *O jornal*, Rio de Janeiro, 20 de agosto de 1931, p.4.

30. José Marianno, "Arquitetura de mentira", *O jornal*, Rio de Janeiro, 6 de setembro de 1929, p.2.

31. Escrevendo no final da década de 1920, Marianno resumiu seu ativismo de mais de dez anos pelo neocolonial como uma "campanha pela reabilitação da arquitetura da raça como fator relevante de nacionalização", in: José Marianno, "A arquitetura brasileira não é colonial", *O jornal*, Rio de Janeiro, 6 de novembro de 1929, p.2.

32. José Marianno, "Arquitetura brasileira pré-jesuítica", *O jornal*, Rio de Janeiro, 14 de janeiro de 1928, p.4.

33. A teoria histórica de José Marianno sobre a formação da arquitetura tradicional por meio da "aclimatação do velho estilo português às necessidades brasileiras" aparece em diversos textos, mais claramente em *A Evolução da Arquitetura* Brasileira (*O jornal*, Rio de Janeiro, 3 de janeiro 1929, p.2), e "A excomunhão gloriosa da

arquitetura brasileira" (*O jornal*, Rio de Janeiro, 8 de dezembro de 1929, p.3).

É importante desdobrar o conceito de *aclimatização* utilizado por Marianno, porque ele permite observar como o pensamento neocolonial está na base da teoria histórica elaborada por Lucio Costa nos anos 1930–1950, ainda que esta seja tratada na maioria das vezes como algo profundamente original. De acordo com Marianno, o processo de "aclimatização" seria responsável por caracterizar um estilo próprio na colônia, configurado uma expressão de nacionalidade genuína: "De sorte que, ao lado da experiência clássica do europeu colonizador, bem cedo podemos verificar a existência de uma corrente nova, sem compromissos diretos com o tronco étnico peninsular, influindo diretamente nas diretrizes da arquitetura nacional... o caráter próprio da raça, sua marcada individualidade comece a acusar-se nos nobres padrões arquitetônicos que encheram de nobreza as velhas cidades brasileiras até começos do século XIX" (in *A Evolução da Arquitetura Brasileira*). Diferente da arquitetura portuguesa, a arquitetura na colônia era caracterizada por seu aspecto mais austero e simples, sem grandes frívolos de ornamentação: "Estes foram os elementos que obtiveram passaporte ... Os outros, por inúteis, ficaram na península, a decorar os mosteiros e as casas afidalgadas. O abortamento da ornamentação gótica julgada inútil é um dos muitos fenômenos da aclimatação do estilo clássico português à terra brasileira." (in *A excomunhão gloriosa da arquitetura brasileira*). Conforme descrito neste ensaio, este esquema é o mesmo que define a teoria histórica de Lucio Costa sobre a formação da arquitetura tradicional "luso-brasileira".

34. "... dependendo o sentimento de tradição da composição étnica individual, nem todos os brasileiros poderiam sentir ou compreender o meu esforço em prol do ressurgimento da arquitetura implantada pelo colonizador branco. Embora eu seja de opinião de que o que caracteriza um povo é a consciência da própria nacionalidade, não posso deixar de reconhecer a profunda diferença de substrato psíquico dos elementos étnicos que compõem o povo brasileiro. A esse respeito as provas são abundantes. O Carnaval que é a festa essencialmente popular do Brasil, é entretida por pretos e mestiços. As corridas de cavalo, são um divertimento de gente branca", in: José Marianno, "Arquitetura de mentira", *O jornal*, Rio de Janeiro, 6 de setembro 1929, p.2.

35. "O espirito tradicional da arquitetura clássica brasileira é peninsular, por fatalidade inexorável. E esse espírito nos veio de Portugal... Contento-me com afirmar, que o espirito da arquitetura tradicional brasileira (chamada estilo colonial) é essencialmente latino peninsular. O sentimento é, porém, português. Esse sentimento tão caro, tão afetuoso, e sensível, aos brasileiros brancos, que se orgulham, como eu me orgulho, do sangue indomável da minha raça — esse sentimento é racial, profundamente, expressivamente racial", in: José Marianno, "Acerca do estilo arquitetô-

nico nacional do Brasil", *Diário de notícias*, Rio de Janeiro, 4 de abril de 1936. A visão racializada de Marianno sobre os fundamentos europeus da arquitetura tradicional brasileira é registrada em vários outros textos. Por exemplo, em "Definição da Arquitetura Brasileira" (*O Jornal*, Rio de Janeiro, 10 Fevereiro 2018, p. 4), Marianno argumenta que: "a arquitetura brasileira está presa a portuguesa ... Ela não se envergonha de sua origem portuguesa, como nós, neo-portugueses, não nos envergonhamos do sangue que corre nas veias. Nosso pensamento é formar um estilo arquitetônico brasileiro, de fundo tradicional". Ao seu modo, Lucio Costa também enfatiza a filiação da arquitetura tradicional à sua origem branca-europeia.

36. Bastante simbólico deste período foram as obras *haussmanianas* realizadas no Rio de Janeiro, então capital federal, nas duas primeiras décadas do século vinte, conduzidas pelos prefeitos Pereira Passos (1902-1906) e Carlos Sampaio (1920-1922), como por exemplo a abertura da Avenida Central e o arrasamento do Morro do Castelo para a realização da Exposição Internacional do Centenário da Independência em 1922. Estas reformas urbanas de caráter higienista estavam intrinsicamente associadas ao pensamento eugênico da época, objetivando "embranquecer" a capital federal. Levaram à expulsão das classes negras populares do centro da cidade através de um processo de remoções forçadas que ficou conhecido como "bota-abaixo". Sobre o pensamento racial brasileiro ver os clássicos de Thomas E.Skidmore, *Preto no Branco:*

raça e nacionalidade no pensamento brasileiro. Rio de Janeiro: Paz e Terra, 1976; e Abdias Nascimento, *O Genocídio do Negro brasileiro: processo de um racismo mascarado.* São Paulo: Perspectiva, 2016. Para análises mais recentes, ver os trabalhos de Wlamyra R. de Albuquerque, Ana Flavia Magalhães Pinto, Lilia Moritz Schwarcz, e Hebbe Maria Mattos, entre outros. Sobre a dimensão eugênica das reformas urbanas no Brasil ver Fabiola López Duran, *Eugenics in the Garden: Transatlantic Architecture and the Crafting of Modernity.* University of Texas Press, 2018.

37. Marianno faz esse tipo de afirmação racista em vários textos, como por exemplo nestas passagens: "Em matéria de arquitetura, passamos sem solução de continuidade do neoclassicismo frio de Grandjean aos estilos empoados à moda Luiz XVI, muito apreciados pelos negroides que se supõe latinos", in: "Pela emancipação artística da nação", *O jornal*, Rio de Janeiro, 20 de julho de 1930; "Os inimigos gratuitos do estilo arquitetônico brasileiro de fundo tradicional, lhe increpam especialmente o compromisso aparente que ele mantem com a raça portuguesa. Por vezes me tenho referido aos suspiros languidos dos mulatos letrados ...", in: "Acerca do estilo arquitetônico brasileiro", *Diário de notícias*, Rio de Janeiro, 4 de abril de 1936.

38. "Arquitetura Colonial VII", *O Estado de S.Paulo*: Carta do dr. Adolpho Pinto Filho. São Paulo, 24 de abril de 1920, p.3.

39. De acordo a reportagem "O arranha-céu no Rio de Janeiro", de 1928 (in: *O Paiz*, 1º de Julho de 1928, p.4), Lucio Costa recebeu a medalha de ouro de graduação da Escola Nacional de Belas Artes; a grande medalha no Salão Nacional de Belas Artes de 1924; a grande medalha na Exposição Pan-Americana de Arquitetura de 1926; primeiro lugar no concurso do Pavilhão Brasileiro na Exposição Internacional da Filadélfia, em 1926; e primeiro lugar no concurso para a embaixada da Argentina no Rio de Janeiro em 1928. Em 1924 Costa conquistou o segundo lugar no concurso "Casa do Brasil", e o primeiro lugar no concurso "Solar Colonial", ambos promovidos por José Marianno através da Sociedade Nacional de Belas Artes.

40. "A alma de nossos lares", *A noite*, 19 de março de 1924.

41. Lucio Costa, "Uma escola viva de Belas Artes", *O jornal*, 31 de julho de 1931, p.2. Veja também o texto "Impotência espalhafatosa", *Diário da noite*, 9 de setembro de 1931, em que Costa caracteriza o neocolonial como "falso tradicionalismo" e "caricatura ridícula". Ambos os textos foram escritos em resposta às críticas de José Marianno às reformas que Costa implementou na ENBA.

42. O texto "Razões da nova arquitetura" foi originalmente escrito como projeto de um programa de pós-graduação para o Instituto de Artes da Universidade do Distrito Federal, fundada em 1935, e foi publicado pela primeira vez na Revista da Diretoria de Engenharia em Janeiro de 1936 (no.1, vol.III). "Documentação ne-

cessária" foi publicado no primeiro número da Revista do SPHAN (Serviço do Patrimônio Histórico e Artístico Nacional) em 1937. Estes textos podem ser vistos como complementares da teoria de Costa. Observados em conjunto, indicam a síntese entre o colonial e o moderno perseguida pelo arquiteto.

43. Lucio Costa, "Documentação necessária", in: *Revista do SPHAN*, no.1, Rio de Janeiro: Ministério da Educação e Saúde, 1937, p.33.

44. Lucio Costa foi diretor da Divisão de Estudos e Tombamentos do SPHAN/IPHAN desde sua fundação em 1937 até 1972. Sobre a formação do SPHAN/IPHAN e o papel seminal de Lucio Costa na concepção de conceitos e práticas patrimoniais, ver: Márcia Regina Romeiro Chuva, *Os arquitetos da memória*: sociogênese das práticas de preservação do patrimônio cultural no Brasil (anos 1930-1940), Rio de Janeiro: UFRJ, 2009.

45. Lucio Costa, "A arquitetura dos jesuítas no Brasil", in: *Revista do Serviço do Patrimônio Histórico e Artístico Nacional*, n.5, Rio de Janeiro: Ministério da Educação e Saúde, 1941, p.43.

46. Em "Razões da nova arquitetura", Lucio Costa expande este esquema para também situar o modernismo como fundamentalmente Europeu. "Filia-se a nova arquitetura, isto sim, nos seus exemplos mais característicos... às mais puras tradições mediterrâneas, aquela mesma razão dos gregos e latinos, que procurou

renascer no Quatrocentos, para logo depois afundar sob os artifícios da maquiagem acadêmica — só agora ressurgindo, com imprevisto e renovado vigor."

47. Lucio Costa, "Registros de uma vivência", *op.cit.*, p.27. Veja também a entrevista de Costa, "Um arquiteto de sentimento nacional: Considerações sobre nosso gosto e estilo", publicada o jornal *A noite*, em 18 de julho de 1924.

48. Lucio Costa, "Documentação necessária", *op.cit.*

49. Philip Goodwin, *Brazil Builds*: Architecture New and Old, 1652–1942. A exposição *Brazil Builds* foi parte de um amplo programa de políticas culturais bilateriais implementadas pelos Estados Unidos para ampliar sua influência geopolítica na América Latina no contexto da Segunda Guerra Mundial, e posteriormente da Guerra Fria. Contando com o envolvimento direto do Departamento de Imprensa e Propaganda, agência estatal de informação e propaganda do regime ditatorial de Vargas, *Brazil Builds* é uma expressão de como o modernismo (em arte e em arquitetura) foi encampado como imagem do Estado Novo.

50. Sacheverell Sitwell , "Brazilian Style", in: *The Architectural Review*, abril de 1944.

51. Sobre o legado determinante dos textos de Lucio Costa na historiografia da *arquitetura moderna brasileira*, ver Marcelo Puppi, *Por uma história não moderna da arquitetura brasileira*, Campi-

nas: Pontes Editores, 1998. Aqui abre-se um campo de pesquisa sobre a dimensão racial da arquitetura moderna brasileira no sentido de investigar como a historiografia e a teoria crítica reverbera, ainda que por negligência ou omissão, o discurso racializado que sustenta a síntese colonial-moderno de Lucio Costa.

52. Lucio Costa, *Memorial plano piloto*, 1957.

53. A bibliografia sobre a obra de Lucio Costa e o papel seminal de seu pensameto na formação de ideais de modernidade e tradição é bastante vasta. Minhas leituras incluem (em ordem cronológica): Carlos Alberto Martins, *Arquitetura e Estado no Brasil*: elementos para uma investigação sobre a constituição do discurso moderno no Brasil: a obra de Lucio Costa 1924–1952, São Paulo: USP, 1988; Silvana Barbosa Rubino, "Gilberto Freyre e Lucio Costa, ou a boa tradição", in: Abillio Guerra (org), *Textos fundamentais sobre a história da arquitetura moderna brasileira, p.1*, São Paulo: Romano Guerra Editora, 2010; Marcelo Puppi, *Por uma história não moderna da arquitetura brasileira*, Campinas: Pontes Editores, 1998; Ceça de Guimarães, *Lucio Costa*, Rio de Janeiro: Relume Dumará, 1996; Guilherme Wisnik, *Lucio Costa*, São Paulo: Cosa Naify, 2001; Abílio Guerra, *Lucio Costa*: modernidade e tradição. Montagem discursiva da arquitetura moderna brasileira, Campinas: Unicamp, Tese de Doutorado, 2002; Ana Luiza Nobre *et al.* (org), *Lucio Costa: um modo de ser moderno*, São Paulo: Cosac Naify,

2004; Otavio Leonidio, *Carradas de Razões*: Lucio Costa e a arquitetura moderna brasileira, São Paulo: Edições Loyola, 2007.

Todas essas narrativas críticas ignoram o papel central da raça no pensamento e nas teorias de Lucio Costa. Otavio Leonidio menciona este aspecto apenas de passagem, argumentando que Costa tinha uma compreensão cultural da raça influenciada por Gilberto Freyre. Uma exceção notável é o estudo de Fabiola López Duran, *Eugenics in the Garden: Transatlantic Architecture and the Crafting of Modernity*, (University of Texas Press, 2018), que mostra a influência da eugenia no pensamento de Le Corbusier, particularmente em relação com o Brasil.

54. Lucio Costa, "A alma de nossos lares" (entrevista), in *A noite*, 19 de março de 1924.

55. Lucio Costa (entrevista), "O arranha-céu e o Rio de Janeiro", *O Paiz*, sábado, 1º de julho de 1928, p.4.

56. Adolf Loos, "Ornament and Crime" in: Ulrich Conrads (ed.), *Programs and manifestoes on 20th -century architecture*, Cambridge: The MIT Press, 1971, p.20. A citação na íntegra é: "But what is natural to the Papuan and the child is a symptom of degeneracy in tge modern adult. I have made the following discovery and I pass it on to the world: *evolution of culture is synonimous with the removal of ornament from utilitarian objects*". Sobre a dimensão racial de *Ornament and Crime* ver Jimena Canales e Andrew

Herscher, "Criminal skins: Tattoos and modern architecture in the work of Adolf Loos", in: Architectural History 48, 2005; e Irene Cheng, *Structural Racialism in Modern Architectural Theory*, op cit. Como escreve Cheng: "In labeling ornament a 'crime,' Loos declared it an aesthetic practice suited only for 'Papuans,' criminals, and other inhabitants of the lower rungs of the evolutionary ladder and not for modern Europeans. In his intentionally provocative treatment, ornamentation — or its lack — became an index of cultural development, a process that he described colorfully in terms of a racial timescale."

57. Lucio Costa, "Documentação necessária", in: *Revista do Serviço do Patrimônio Histórico e Artístico Nacional*, Rio de Janeiro: Ministério da Educação e Saúde, 1937, p.31.

58. Lucio Costa, "Tradição local", in: *Registros de uma vivência*, Rio de Janeiro: Empresa das Artes, 1995, p.451.

59. Lucio Costa, "Documentação necessária", *op.cit.*, p.31.

60. Considere, por exemplo, esta passagem sobre a linguagem em *Casa-Grande e Senzala* (*op.cit.*, p.414): "A linguagem infantil também aqui se amoleceu ao contato da criança com a ama negra. Algumas palavras, ainda hoje duras ou acres quando pronunciadas pelos portugueses, se amaciaram no Brasil por influência da boca africana".

61. Lucio Costa, "Documentação necessária", *op.cit.*, p.32. A citação na íntegra é: "Sem dúvida, neste particular também se observa o "amolecimento" notado por Gilberto Freyre, perdendo-se, nos compromissos de adaptação ao meio, um pouco daquela 'carrure' tipicamente portuguesa; mas, em compensação, devido aos costumes mais simples e à largueza maior da vida colonial, e por influência também, talvez, da própria grandiosidade do cenário americano — certos maneirismos preciosos e um tanto arrebatados que lá se encontram, jamais se viram aqui. Para tanto contribuíram, e muito, dificuldades materiais de toda ordem, entre as quais da mão-de-obra, a princípio bisonha, dos nativos e negros."

62. Lucio Costa, "Documentação necessária", *op.cit.*, p.32. A citação na íntegra é: "... o índio, habituado a uma economia diferente, que lhe permitia vagares na confecção limpa e cuidada das armas, utensílios e enfeites — estranhou, com certeza, a grosseira maneira de fazer dos brancos apressados e impacientes, e o negro, conquanto se tenha revelado com o tempo, nos diferentes ofícios, habilíssimo artista, mostrando mesmo uma certa virtuosidade acadêmica, muito do gosto europeu — nos trabalhos mais antigos, quando ainda interpreta desajeitadamente a novidade das folhas de acanto, lembra o louro bárbaro bonitão do norte em seus primeiros contatos com a civilização latina ... Em ambos os casos, o mesmo jeito de quem está descobrindo coisa nova e não acabou de compreender direito, sem um vislumbre de 'maîtrise', mas cheio de intenção plástica e ainda com aquele sentido de revelação." No

texto "Tradição Local" (*op. cit*, p. 453), Lucio Costa desenvolve o mesmo argumento racializado, sumarizando passagens de sua teoria histórica presente em outros textos, e anotando a influência indígena e africana da seguinte maneira: "Se o negro, mais dócil e servil na sua condição de escravo, pôde colaborar com o colono, inclusive no aprendizado de ofícios, já o índio, habituado a um estilo de vida diferente, que lhe permitia vagares na confecção limpa e cuidadosa das armas, utensílios e enfeites, estranhou, com certeza, a grosseira maneira de fazer dos brancos apressados e impacientes. A identificação com o indígena restringiu-se ao 'programa' dos abrigos iniciais...".

63. Aqui é interessante notar como Lucio Costa também opera uma engenhosa equação entre o aspecto "primitivo" do vernacular colonial originalmente elaborado por Ricardo Severo, e um sentido modernista de "primitivismo", associado às expressões culturais não ocidentais indígenas e negras, que foi fundamental na formação das vanguardas artísticas europeias e, após a virada pau-brasil, também para as vanguardas antropofágicas e verde-amarelas que surgiram da Semana de 1922. Esta valorização do vernacular colonial como "primitivo" é outro dispositivo da síntese colonial-moderno elaborada por Costa, em sintonia com o "primitivismo" que alimentou as vanguardas, incluindo o movimento moderno na arquitetura. Entretanto, o "primitivo" aqui continua associado ao pensamento brancocêntrico neocolonial, isto é, à busca de um vernacular colonial mais puro e genuíno, e por isso

mais fiel às suas matrizes lusas e latinas, ainda que venha tempe-
rado, ou "amolecido", pelo caráter miscigenado que Costa agora
tem que atribuir à formação da "arquitetura tradicional brasileira"
para alinhar-se com o discurso modernista dos anos 1930. Como
mostram os pareceres seminais de Lucio Costa durante sua ativi-
dade no IPHAN (Lucio Costa, *Documentos de Trabalho*, IPHAN:
1998), a busca de uma expressão vernacular colonial "primitiva",
e por isso mais expressiva das raízes nacionais, foi um conceito
determinante na formação de práticas patrimoniais no Brasil. Sobre o papel do primitivismo nas vanguardas modernas ver Hall
Foster, "The 'Primitive' Unconscious of Modern Art", *October*,
vol. 34, The MIT Press, 1985. Mais especificamente no campo da
arquitetura, ver Jo Odgers, Flora Samuel, Adam Sharr, *Primitive:
Original matters in architecture*, Taylor & Francis, 2006.

64. "Cabe-nos agora recuperar todo esse tempo perdido, estendendo a mão ao mestre de obras, sempre tão achincalhado, ao velho 'portuga' de 1910, porque — digam o que quiserem — foi ele
quem guardou, sozinho, a boa tradição." Esta frase conclui o texto
"Documentação necessária", *op.cit.*, p.39.

65. Este tipo de argumento racial desenvolvido por Lucio Costa,
que nega a influência de culturas negras e indígenas na tradição
arquitetônica nacional, teve grande importância no estabelecimento de práticas e políticas patrimoniais do IPHAN. Isto pode
ser visto, por exemplo, no texto *Primórdios da Arquitetura Bra-*

sileira, escrito em 1947 por Rodrigo Melo Franco de Andrade, diretor e articulador intelectual do IPHAN durante três décadas. Opondo-se ao entendimento de que "a fase primitiva da arquitetura brasileira tenha sofrido influência direta e importante das ligeiras construções indígenas que se depararam aos colonizadores", Franco de Andrade argumenta que "é injustificável, com efeito, acreditar-se que os povoadores portugueses do Brasil tivessem vindo aprender com os nossos indígenas a erigir construções de madeira, técnica essa muito antiga e corrente na Europa [...] as construções feitas pelos povoadores portugueses no primeiro período [...] devem ter tido sempre a feição e característica da arquitetura tradicional da metrópole. Frequentemente terão sido casebres ou choupanas de emergência, mas quase nunca imitados de habitações indígenas" (in: Rodrigo Melo Franco de Andrade, *Rodrigo e seus tempos,* Rio de Janeiro: Ministério da Cultura/Fundação Nacional Pró-Memória, 1986, p. 122-124.)

66. Lucio Costa, "Introdução a um relatório", in: *Registros de uma vivência, op.cit.*, p.456. Outro exemplo notável neste sentido é o relatório de Lucio Costa sobre os Sete Povos das Missões no Rio Grande do Sul, pesquisa seminal que realizou em 1937 sob os auspícios do SPHAN. "Não encontramos, porém, nas peças estudadas, vestígios, senão muito vagos, de influência indígena [...] Este, vencida a primeira fase de rebeldia, deixou-se moldar com docilidade pela vontade poderosa do jesuíta. Parece mesmo não ter havido da parte dos irmãos, cientes da superioridade de sua pró-

pria técnica, compreensão e simpatia pelo que as interpretações dos indígenas pudessem apresentar de imprevisto e pessoal, e que desprezavam como errado tudo que fugisse às receitas do formulário europeu, estimulando, pelo contrário, as cópias servis [...] e impondo, assim, junto com a nova crença e a nova moral, uma beleza já pronta" (in: José Pessôa (org.), *Lucio Costa: documentos de trabalho,* Rio de Janeiro: IPHAN, 2007, p. 35)

67. Lucio Costa, "Notas sobre a evolução do mobiliário luso-brasileiro", in: *Revista do IPHAN*, n.03, 1939, p.149.

68. Lucio Costa, "Muita construção, alguma arquitetura e um milagre (Depoimento de um arquiteto carioca)", in: *Registros de uma vivência, op.cit.*, p.157-171.

69. Le Corbusier, *Vers une architecture*, 1923. O conceito é explicado por Le Corbusier nos seguintes termos: "A casa é uma máquina de morar. Banhos, sol, água quente, água fria, temperatura conforme a vontade, conservação dos alimentos, higiene, beleza pela proporção. Uma poltrona é uma máquina de sentar etc.", in: Le Corbusier, *Por uma arquitetura*, São Paulo: Editora Perspectiva, 2002. p. 65-67.

70. Lucio Costa, "Muita construção, alguma arquitetura e um milagre (Depoimento de um arquiteto carioca)", *op.cit.*, p.160. Lucio Costa, *Muita construção, alguma arquitetura e um milagre (Depoimento de um arquiteto carioca),* op. cit, p. 160. Devido a

ausência de "criados" como no passado colonial, "a manutenção das casas" passa a requerer "desdobrada diligência das 'patroas'", argumenta Costa, "tornando-se incomoda e até mesmo penosa, devido às distâncias, à altura e ao excesso de cômodos ou espaço perdido: enfim, a 'máquina' já não funcionava bem."

71. Irene Cheng, "Structural Racialism in Modern Architectural Theory", *op. cit.*

72. Como bem nota Roberto Conduru no posfácio, este outro "fio da meada", ou melhor, esta outra rede de relações, está sendo traçada por pesquisadoras e pesquisadores, arquitetas e arquitetos, coletivas e coletivos, que abordam a diáspora africana em intersecção com a arquitetura e as cidades brasileiras, como no trabalho de Gabriela Gaia, em suas cartografias literárias-visuais da urbanidade negra; nas pesquisas de Fabio Velame junto ao Grupo de Estudos Étnico-Raciais em Arquitetura e Urbanismo da Universidade Federal da Bahia; nas ações do coletivo Cartografia Negra; e, mais próximo da prática de projeto, na arquitetura de Gabriela de Matos.

Agradecimentos

Este ensaio surgiu como que inadvertidamente das páginas ainda incompletas de um livro que acho que nunca vou terminar. As colagens são parte do projeto visual *Settler-Modernism,* uma ressignificação do conceito de "settler–colonialism" que, em diferentes sentidos, é expressiva da síntese colonial-moderno que sustenta o conceito racializado de arquitetura tradicional-moderna brasileira. Agradeço a Roberto Conduru pelo precioso posfácio, texto que certamente vai além de meu ensaio e coloca questões fundamentais para a historiografia da arquitetura. Agradeço a Roberto Conduru pela interlocução na elaboração desta minha tentativa de traçar uma historiografia da arquitetura; e à Ana Flávia Magalhães Pinto pela generosidade de escrever a quarta capa. Seu trabalho e ativismo historiográfico, sobretudo a curadoria da exposição seminal *Reintegração de posse: narrativas da presença negra na história do Distrito Federal*, foram aprendizados fundamentais sem os quais não poderia ter escrito este ensaio. Agradeço também a Ana Maria León, Leopold Lambert e Pedro Tapajós, e Ricardo

Muniz e a editora N-1 por abraçar este projeto. Agradeço especialmente a Suyane Rodrigues por estar ao meu lado para tudo que der e vier durante a confecção deste ensaio.

Dados Internacionais de Catalogação na Publicação (CIP) de acordo com ISBD

T231l   Tavares, Paulo

Lucio Costa era racista? Notas sobre raça colonialismo
e a arquitetura moderna brasileira / Paulo Tavares.
- São Paulo : n-1 edições, 2022.
128 p. : il. ; 14cm x 19cm.

Inclui índice.
ISBN: 978-65-86941-76-0

1. Arquitetura. 2. Arquitetura moderna brasileira. 3. Raça.
4. Colonialismo. 5. Arquitetura brasileira. I. Título.

CDD 720.981
2022-38   CDU 72(81)

Elaborado por Vagner Rodolfo da Silva - CRB-8/9410

Índice para catálogo sistemático:

1. Arquitetura brasileira 720.981
2. Arquitetura brasileira 72(81)